会話がはずむ人、はずまない人の違いとは？

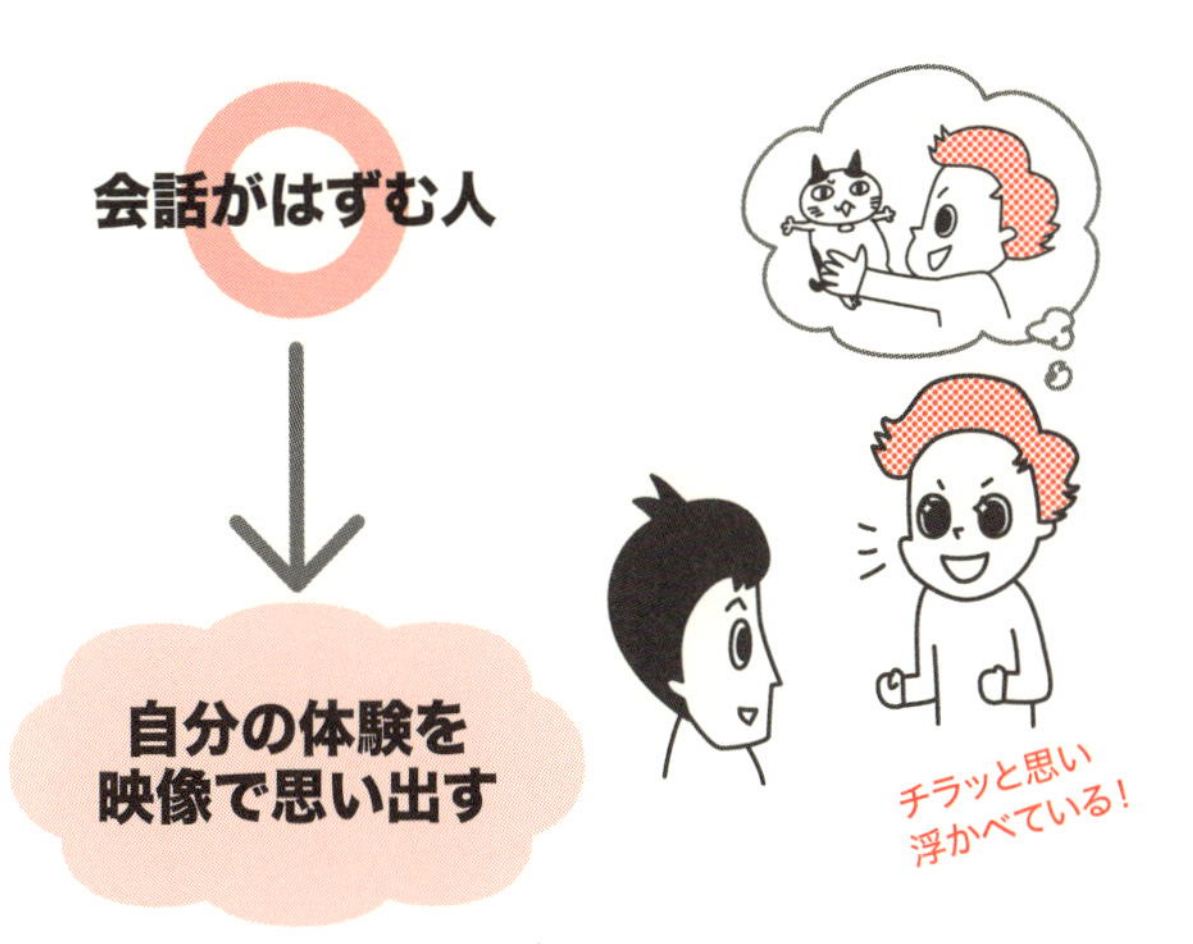

頭に浮かぶのは
言葉や情報

い出し、映像にして振り返っていきます。

「寝っ転がってばかりいたな」「ライン送っても返事もこなかったな」「とれていたパジャマのボタン付け替えたら、ボタンが大きすぎてしめられなかったな」など……。

こうした中に、きっと「ああ、そういえば」っていう話題が浮かぶようになります。共感されたり盛り上がったりする、いい話がドンドン思いつく秘訣は、映像を思い浮かべることだったんです。

映像を浮かべるっていう行為に、なじみがないと感じる方もいるかもしれません。でも大丈夫。実は私たちは会話をするとき、無意識のうちに映像を思い浮かべながら話をしているのです。

これからは、それを意識して行うだけで、楽しい話がポンポン出てくるようになって、会話がはずむようになりますよ。

映像を思い浮かべて話す人、話さない人の会話の違いは？

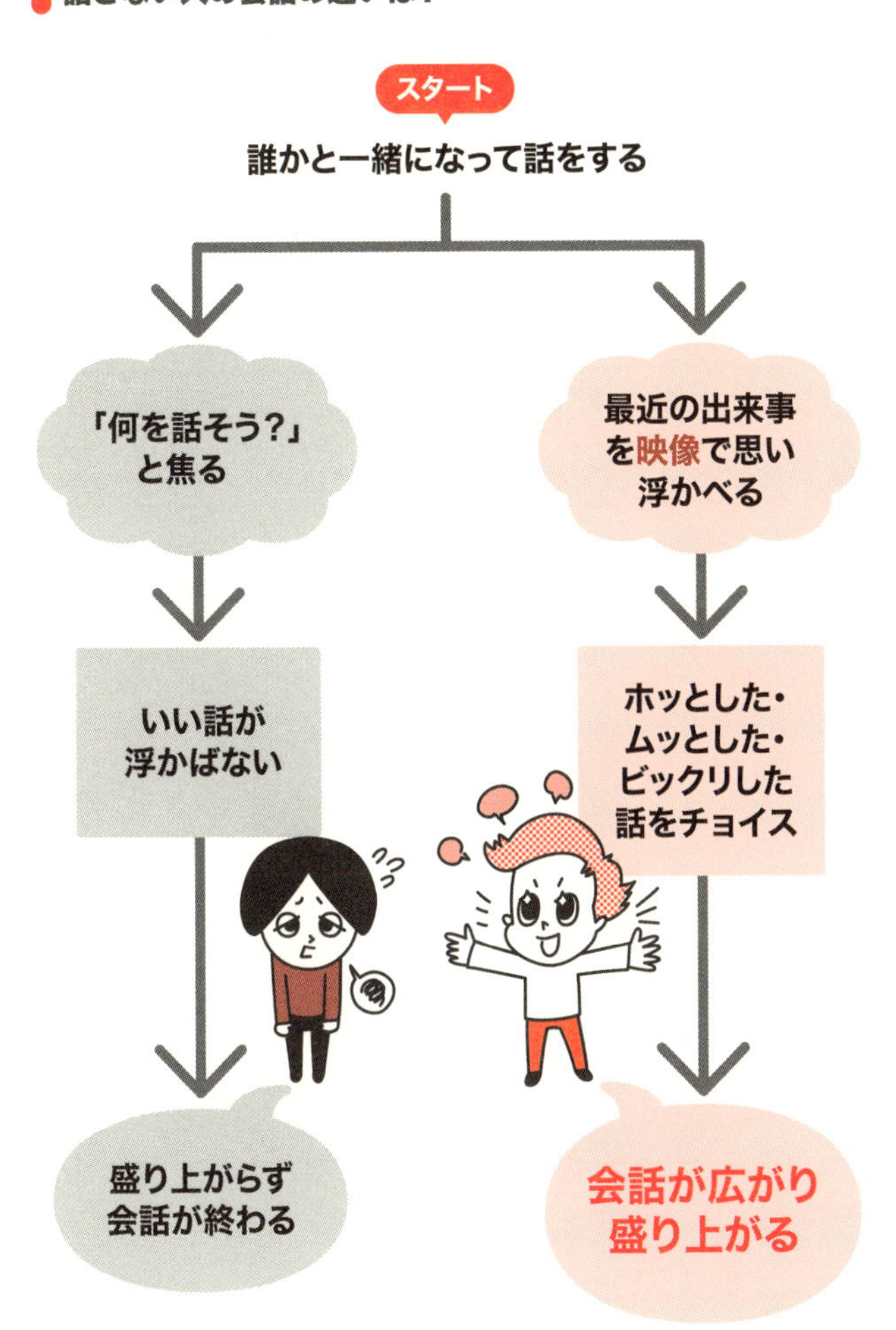

こんな人にぴったりの方法

会話がとぎれない話し方の秘訣は気持ちに目を向けること、とこれまで出版してきた拙著で繰り返しお伝えしてきました。この基本は変わりません。話を聞くときは目の前にいる人の気持ちに注目し、話すときは自分の気持ちをちょっぴり伝えます。

でも、「気持ちを言葉にするのは、ちょっと難しいな……」と感じる方が、一定数いるのも事実です。

そこで「映像コミュニケーション」の登場です。

このコミュニケーション方法は、気持ちを言葉にするのが苦手な人や、相手の話にイマイチ興味が持てない、共感できないと感じている人でもカンタンに使える優れもの。とくに会話をし始めたときに、気持ちを受け止めたり、自分をオープンにするのが難しいと感じている方にもお勧めです。

もともと、映像を思い浮かべる能力は、私たち人間が生まれ持っている力です。もっ

と、この力を意識的に使ってみましょう。それだけで、あふれるほどの会話を楽しむことができますよ。

私の話し方教室では3年前から、このスキルを教えています。「映像コミュニケーション」を実践している多くの生徒から、

「話したいことがドンドン浮かぶ！」

「気持ちを込めて相づちを打てるようになりました」

「ネタ切れしなくなりました！」

「いろんな人が食いついてくれます！」

とお喜びの報告をたくさん受けています。その中からいくつかの楽しいエピソードを紹介しましょう。

知らない人の話もドンドン聞ける！「聞くって、楽しいことだ」とわかった！

「会ったこともない人や、行ったことのない場所の話をされても、全然わからないし、つまんない。そう思ってました」と教えてくれたのは三十代の女性。

だからどうしても愛想のない返事になりがちだったそうな。でも、相手の話を想像しながら聞くと、その人物が目の前で話したり、笑ったりするかのような感覚になれて、自然と会話を楽しめたそうです。

経験したことがない話や知らない話でも、映像を思い浮かべるだけでイメージがびっくりするほど広がるので、ラクラク感情移入することができるんです。

上司が急に優しくなった♪

「想像しながら話を聞くと、いつも怒ってばかりの上司が優しくなったんです」

社会人一年生の男性が、こう興奮しながら話してくれました。

相手の話をしっかり想像しながら聞くと、自分のことのように感情移入できるのです。だから反応にも気持ちがこもる。

きっと彼は、いままで上司の話を言葉面だけで聞いていて、反応が悪かったのでしょう。それが上司のイライラにつながっていたのですね。コミュニケーション力を磨けば、人間関係が変わるとは、まさにこのことを言うのです。


話に食いついてくれる人が一気に増えました！


「まさか、朝起きて玄関を出るまでの間のことを話すだけで、人がこんなに食いついてくるなんて」

そう話してくれたのは、四十代のビジネスマン。一流企業の管理職という彼は、話がかたく面白みがないのが悩みでした。

「相手が知らない情報を話すことで尊敬されると勘違いしていた。それが会話だと思っていました」と教えてくれました。

「この会話術を使えるようになって、これからの人生が楽しく変わりそうです！」と語った彼の笑顔が忘れられません。

「相づち」をもらう、その意味がわかって会話が見違えた！

「相手の人に相づちを打ってもらう。このことを意識して話すようになって、会話っていうものが初めて理解できた気がします！」

明るい笑顔でこう話してくれたのは、二十代半ばの男性です。おそらく大部分の人が、相づちの持つ意味を小さく感じているはず。だから会話が苦手な人ほど、相手が打つ相づちなど気にせずに話しています。

だからあなたの話は伝わらなかったのです！

会話は映像のキャッチボール。相づちとは相手が映像を浮かべたというサインだと知った彼は、会話の神秘に触れました。

あなたも間もなくその意味を知り、会話があふれ出る喜びを体験することになるでしょう。

話す場面が次々と思い浮かぶ、だから会話が止まらない!

「映像を浮かべて話すと会話が異次元に飛んで行く感じですね」

こんな面白い感想をくれたのは、三十代の小学校の先生。いつも会話が「いつ」「誰が」「どこで」「何を」「どうした」といったところで終わってしまうのが難点でした。

ところが映像を描いて会話をすると、映画の話から涙もろいかどうか、どんなテーマで泣いちゃうか、親に涙を見せられるかどうかといったふうに、話がある場面から別の場面へとジャンプする体験をしたんだとか。

彼はこれを異次元ジャンプと呼んで、話がはずむことにいたく感激したようです。あなたにも早くこの秘訣を教えて差し上げたい。

「話が映画のようにわかりやすくて、内容がスッと入ってくる」と言わるようになった！

「先生のお話はまるで映画を見ているようで、内容がすんなりと頭に入ってきますね」と講演の聴講者に言われたのは、ある特定疾病の専門医。

長年の研究が認められ、彼に講演依頼が舞い込むようになりました。でも、彼には大きな問題が。ふだんの雑談でさえひと苦労なのに、1時間以上も人前で話すなんて無理。

そこで、彼は私の教室を訪ねて来ました。映像が浮かぶように話すスキルをマスターして、講演を何度かこなすうちに、聴講したドクターから冒頭の言葉を受けたのです。

映像が浮かぶように話す。これをテーマにして話したら、「映画を見ているようだ」と言われたのですから、彼の話し方がいかに上手だったかが想像できますね。

会話にリズムが出た！婚活、うまくいきそうです！

「私の話はただのつぶやきだったのかも……。婚活がうまくいかない理由がよくわかりました。いまでは楽しく会話できるようになり、気になっている人と積極的に話せるようになりました！」そう教えてくれたのは四十代の男性。出会いの場所に何度参加しても、女性からいい返事をもらえたことがなかったようです。会話は相手と二人でつくるもの。同じイメージ、同じ気持ちを共有できるようになれば、幸せは近いですね。

いかがでしたか。教室の生徒に起こったことが、当然あなたにも待っています。

映像を浮かべる行為は誰もが無意識にしていること。この生まれながらに持っている能力を意識的に使うだけですから、そうむずかしくはないでしょう。

さらに、映像が相手と共有できて、互いの気持ちがふれあい交じり合う経験までできたら、あなたの人間関係は劇的に変わり、人の温みまで感じられるようになるでしょう。

ではこれから、会話があふれる話し方のコツをお伝えして、あなたの毎日が刺激的に変わる体験をしていただきましょう。

目次

誰とでも15分以上 ホントに！ 会話がとぎれない！ 話し方 50のルール

1章

スイスイ話せる人は、こうしてる！
話したいことがドンドン浮かぶ「秘訣」とは？

2章

誰もが食いつく「新ルール」♪
知っておきたい！

スマホの写真を「1枚ずつ見せる」ように話そう

3章

「3つの視点」で面白ネタが、ザクザク見つかる！

「何を話せばいい？」はこうして解消！

4章
ありふれた話で10倍共感される話し方
「区切って、ゆっくり」で見違える

5章

ひたすら傾聴はしなくてOK
この聞き方で話がはずみ、あふれ出す！

6章

仕事、プライベートで活用したい！
大事な人の気持ちを100％つかめる！「コミュニケーションブリッジ」

7章

大勢いても大丈夫!

サッと打ちとけて、ワイワイ話せる会話術

装丁――――石間淳

デザイン・イラスト――草田みかん

1章

スイスイ話せる人は、こうしてる！

話したいことがドンドン浮かぶ「秘訣」とは？

1

楽しい話をスイスイできる人は何が違う?

言葉ではなく、映像を思い浮かべている!

楽しい話がドンドンできる人、できない人は何が違うのか?

それは、頭の中に映像を思い浮かべて話しているかどうかの違いにすぎません。

両者の話し方は、どう違うのか。ひとつ例を見てみましょう。

「昨日のセール、どうだった?」

相手がこう話しかけてきたら、あなたならどう答えますか?

楽しく話せない人は、「何か話さなければ」と焦って話すことを探しますが、そんなと

話の聞き方、ここが違う！

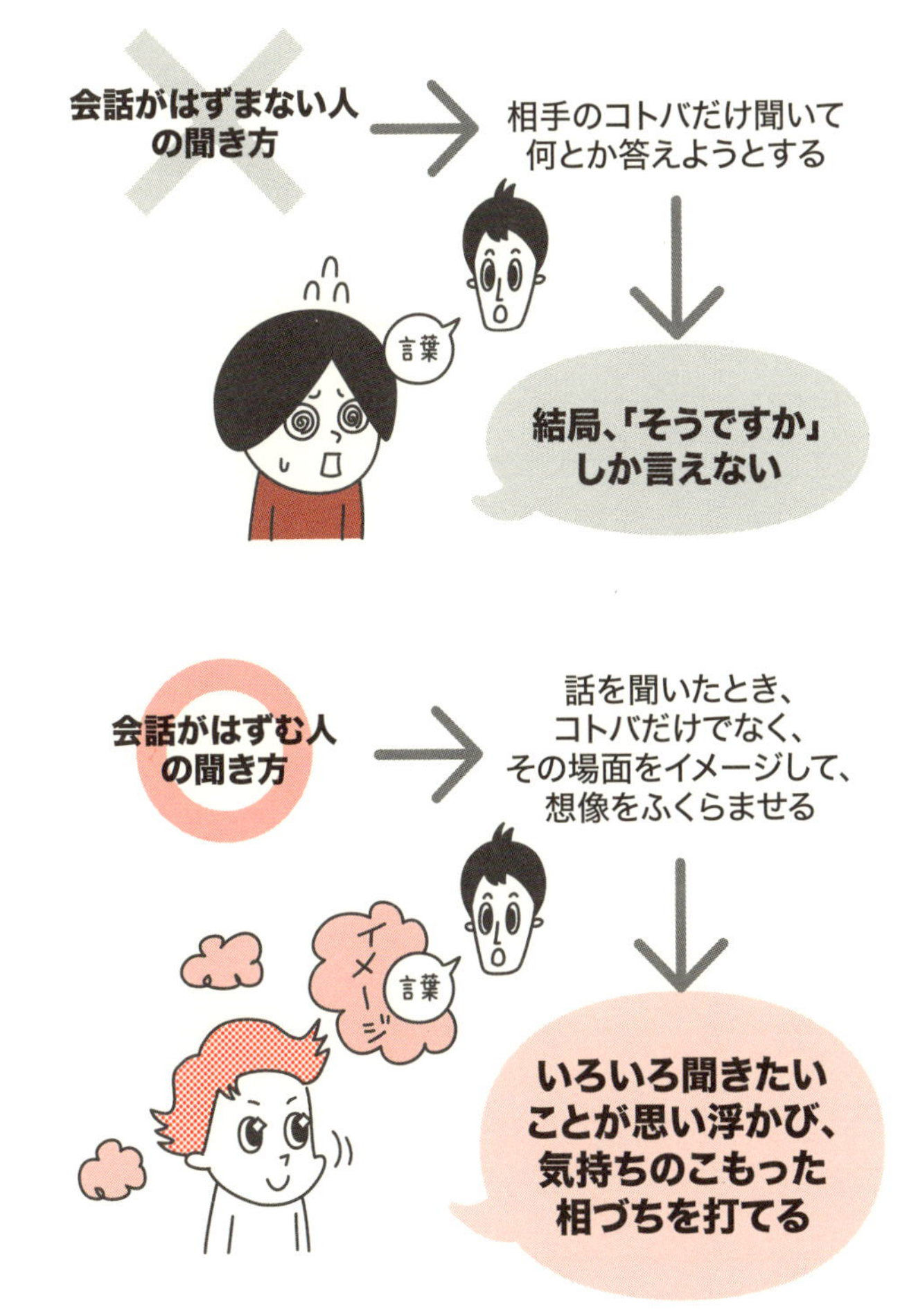
会話がはずまない人の聞き方
相手のコトバだけ聞いて何とか答えようとする
言葉
結局、「そうですか」しか言えない
会話がはずむ人の聞き方
話を聞いたとき、コトバだけでなく、その場面をイメージして、想像をふくらませる
イメージ
言葉
いろいろ聞きたいことが思い浮かび、気持ちのこもった相づちを打てる

きに限っていい話は思いつきません。

仕方なく「うん、まあまあだった」という気の利かない返事になってしまいます。

一方、楽しく話せる人は「セール」と聞いて、自分の行動を〝映像で〟振り返ります。

気の利いた話になりそうなことを探すのではなく、自分がしたことを素直に思い出すだけでいいのです。

焦らず映像を浮かべることに集中すると、いろいろな場面が次々に浮かんできます。

「エスカレーターのところまで人があふれていたな」「目当ての秋物が少なかったぞ」「店員を呼び止めるのがひと苦労だった」「プライスがついていない商品もあって困った」「近くにいた人の目が怖かった」……。

その中からビビビッときた場面を言葉にするのです。

「エスカレーターのところまで人があふれていて、気持ちが萎えた」
「店員さんも大忙しで、呼んでも止まってくれなかった」
「近くにいた女の人の目が血走っていて、欲しい服もあったんだけど逃げた」

という具合に。こう話すだけで相手にもその映像がパッと浮かんで、その話に食いついてきます。

言葉や文字と映像との情報量の差は1千倍というアメリカの古い格言もあるくらいで、その違いはケタ外れです。

映像を思い浮かべることで、自分の体験が瞬時に思い出されて言葉になります。今までは「気の利いたことを話さなければ」と焦るあまりに、かえって頭の中の映像を消していたのではありませんか。

これからは会話をするときに、自分の話も相手の話も映像に浮かべてからやりとりする、という意識を持ってみましょう。これを本書では、「映像コミュニケーション」と呼びます。

では、実際のやり方についてお話ししていきます。

ルール

映像を思い浮かべると、「ビビビッとくる話」を思いつく

2 映像を思い浮かべると、言葉がポンポン出てくる！

「ギョーザがおいしい」と言うときは

映像を使った会話といっても、そんなに特別なことをするわけではありません。話をするのが苦手な人も、本当は気づかぬうちにやっていることなのです。ただそれが会話と連動していないだけのこと。

例えば、中華屋に行ってギョーザがおいしかったという話をするとき、多くの人はこう言います。

「○○の中華屋さん、ギョーザがおいしかったよ」と。

相手が食いつく話し方とは？

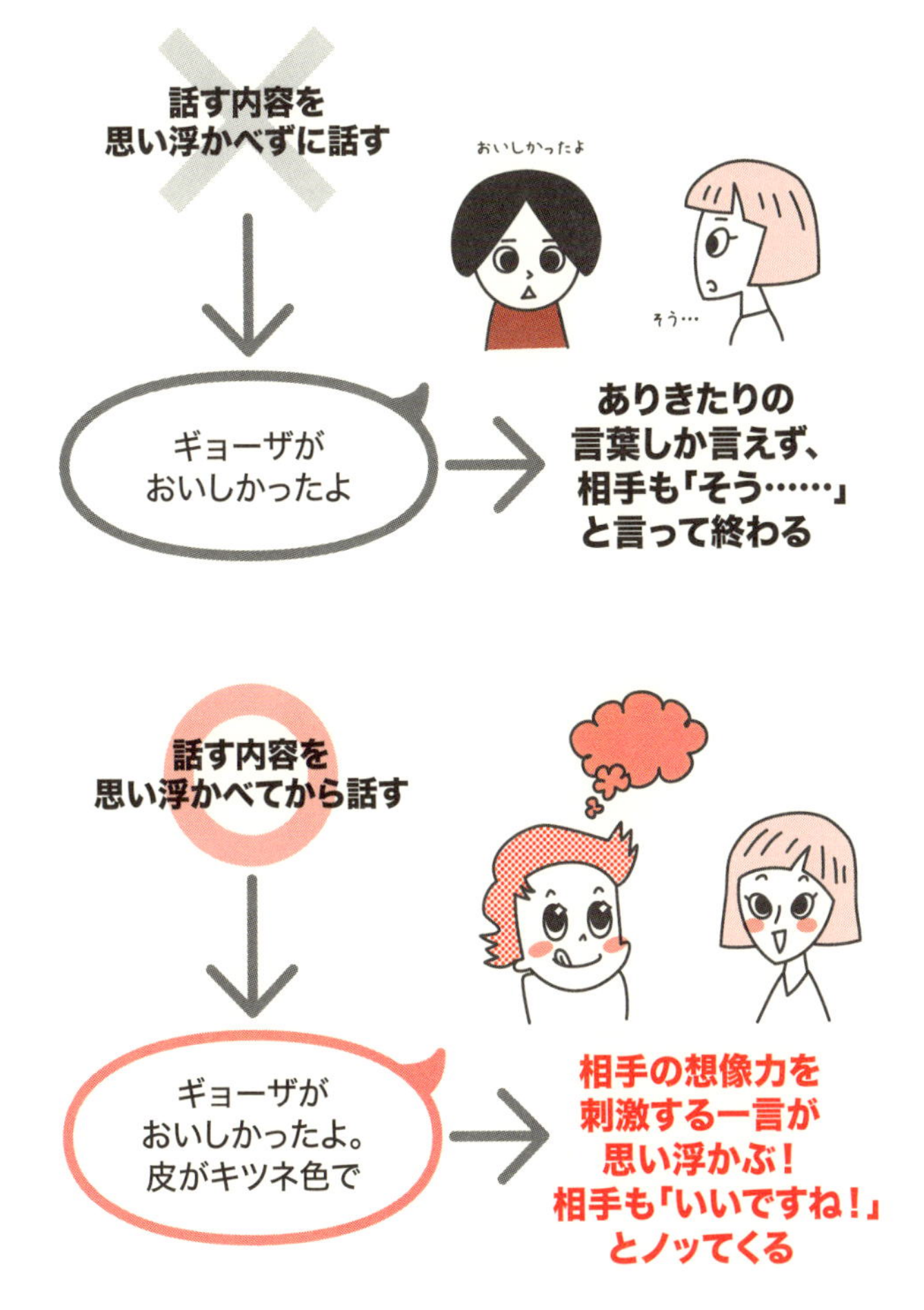

相手も「そう」と言ったきり、次の言葉を出しにくい。**想像力が働かないからです。**やがて仕方なく「一人前、いくら？」といった、情報を探る言葉が返ってきて会話がすぐに終わるのです。

「焼きたてのギョーザ」を思い浮かべよう

「ギョーザがおいしい」という話をするときは、まずその場面を思い出しながら話してみましょう。

ほんの2、3秒でいいんです。さあ、目をつぶって映像を思い浮かべてください。目の前にギョーザがあります。おいしそうな焼きたてのギョーザです。

その映像の中でとくに鮮明に焼きついている情景を一言でいいので言葉にしてください。こんなふうに。

「○○の中華屋さん、ギョーザがおいしかったよ。皮がきつね色で」

話す前に、
こんなふうにイメージを広げてみよう！

「皮がきつね色」と表現すれば、相手の頭の中にもその映像が一瞬で現れます。するとそのギョーザはもはやただの情報ではなくて、現物に近い感覚。リアル感が違います。言葉を聞くやいなや聞き手の想像の中に、皮がきつね色のギョーザが浮かびます。

お腹が空いている人なら、それだけで口の中が唾だらけになるかもしれません。映像が浮かべば、とたんに感情も湧き出てきます。

「おいしいにちがいない」
「食べたい」
「ビールに合う」などなど。

そうなれば相手からも自然と会話があふれてきます。

ルール

リアル感ある表現が、聞き手の気持ちを刺激する！

3 慣れれば、こっちのほうが断然カンタン！

映像には、答えのヒントが必ずある！

映像を思い浮かべてから話すなんて面倒だ、と感じる人もいるかもしれません。

でも、慣れてくると、このほうがずっと楽なのです。

例えば、「あいにくの雨ですね」と言われたとき、返す言葉を必死で探した経験はありませんか。答えのヒントが見つからず、仕方なく「そうですね」と言っていませんか。

でも、**映像を思い浮かべれば、答えのヒントがちゃんと見つかります。**

「あいにくの雨ですね」と言われたら、どうするか？

その日見た、雨が降る場面や状況を思い浮かべてみるのです。そのとき、パッと頭に浮かぶ情景をジッと眺めてみましょう。**慣れてくると数秒で、いろいろな場面が映像で思い浮かべられるようになります。**すぐに思い浮かばないときは、あとになってからでもかまわないので、その日見た場面をゆっくり思い出す練習を積んでいきましょう。

いずれ、**「地下鉄の電車を降りたら、みんな傘を持っているので慌てました」「どの人もズボンやスカートの裾がビチャビチャで」**とか**「西の空は明るくなってきてますね」**といった言葉がスムーズに出てくるようになりますよ。

大事なことは、その場面の映像をちゃんと思い浮かべることです。慣れるまでは、多少、時間をとってもかまいません。

あなたが映像を思い浮かべて短い言葉で伝えれば、相手にも自然と同じ映像が浮かびます。話を聞くとき、話すときに、「映像を思い浮かべてから話す」。このクセをつけるだけで、あなたの話し方は見違えます。

ふだんから、出来事を映像で振り返るクセをつけよう！

「あいにくの雨ですね」と言われたら……

4 いつもの朝の会話、こうすれば見違える

具体的な描写が、聞き手を刺激する

季節の移り変わりを話題にするとき、こんなふうに話すと会話がなめらかに進みます。

例えば初夏に「いい季節になってきましたね」と言うだけでは、お互いに映像は浮かびません。あなたがその目で見た、「いい季節」の映像を言葉にしてみましょう。

「いい季節になってきましたね。緑の深さが違います」

こう言ってもらえると、聞き手は一瞬で、葉の茂った枝を重そうに垂れさせた樹木を想像するでしょう。そうなれば、会話は自然と進んで行きます。

「暑くなってきた」ということを伝えるのなら、**「大きい入道雲が出てました」**と言えば、

「季節の話題」を話すときは

真夏の風景が聞き手に浮かぶでしょう。

「秋めいてきた」ということを伝えるのなら、**「真っ赤な赤とんぼを見ましたよ」**と言えば、秋が来ていることが伝わります。

「寒くなってきた」と言うのなら、**「木の葉っぱもあと2、3枚しか残っていませんでしたよ」**と言えば、寒々しい様子が浮かびます。

相手の頭に映像が浮かぶと、相手も気持ちが刺激され、話したい場面が自然とわいてくるのです。お互いの映像をキャッチボールしていくことで、会話はドンドンふくらみます。

今までは、何とか会話をつなげようと必死で言葉を探していませんでしたか？

でも、何のヒントもなく探っていても、気持ちを刺激する言葉はそうすぐには見つかりません。その点、映像にはたくさんのヒントが詰まっています。あとは言葉にするだけです。

ぜひ楽しくレッスンしていきましょう。

具体的な描写をひと言、織り交ぜるといい

2章

知っておきたい！誰もが食いつく「新ルール」♪

スマホの写真を「1枚ずつ見せる」ように話そう

1

コレで相手の反応が一変する

スマホの写真を見せながら話す感覚を持とう！

映像を思い浮かべてから話すといっても、シネマ用の８Ｋカメラで撮るような芸術的な表現をする必要はありません。スマホで撮った写真の１コマを見せながら、相手と話すときのような感覚に近いでしょう。**その場の状況をちょっと話すだけで、相手も想像しやすくなり、楽しい体験を共有できます。**人と話すときは、スマホの写真を見せるように話してみましょう。細かな表現は気にせずに、その場の状況をざっと話してみるのです。これを意識するだけで、びっくりするほど、相手があなたの話に興味をもつようになるのです。

この方法は、どんなところでも活用できます。それは職場でも同じこと。

映像について話すときのポイント①

スマホの写真を
見せながら話すときを
イメージしよう

ポイント

- 細かな表現は気にせず、さっと楽しく話す
- 1コマずつ話す（一気に話さない）

「昨日の休みはどうしていたの？」と聞かれて、釣りに行ったのなら、「釣りに行って来たよ」という事実にあとひと言、**「海が青くてきれいだった」「親子連れが多かった」**などと付け足してみてください。

もしも何もしない一日だったのなら、**「家で天井ばかり見ていたよ」**と言うだけで、ずっと寝転んでいた様子が伝わります。

「連休はどうするの？」と聞かれて、予定が何もないのなら**「カレンダーはまだ真っ白です」**と言えば、予定がないことから、友達も少なく恋人もいないということまで察してもらえて、恋が始まるかもしれません。

会話はこうした何気ないきっかけをもとに回り始め、互いに多くの映像を浮かべながら先に進みます。言葉があふれる会話といっても、そんなにむずかしくはないと感じていただけたでしょうか。

ルール

パッと思い浮かんだ場面を手短に話してみよう

2 相手がノッてこないときはこうする！

1枚1枚、映像を足していく要領で話す

「もしも、映像を思い浮かべて話しても、相手が乗ってこなければどうするの？」

そんな心配を持つ人もいることでしょう。大丈夫です。

相手に見せる映像は1枚だけ、と決まっているわけではありません。ひとつ見せて、それで話が進まなければ、次の映像を見せればいいのです。

「ちょっと寒くなってきたね」と言われたら、

「そろそろコートを着る人が出始めましたね」と初めの映像を伝えます。それで相手が「ホ

ントだね」と一言で終わったら、次の映像を送ります。

「ショップの売り場はもう冬一色ですしね」

それでも相手が乗ってこなければ、

「なのに半袖で歩いている人もいましたよ」と続けてみます。

こうすれば相手の脳裏には、コートを着ている人が街中にいて、ショップでは真冬の装いの演出が始まっている。そんな中に半袖姿の人の映像が浮かんでいるはずです。

これだけ材料が揃うと、相手にもしゃべりたくなる話がわいてくるでしょう。

会話は互いに映像を浮かべ、それを増やしていくプロセスと受け取ってください。徐々にその感覚が身に付いてくるはずです。

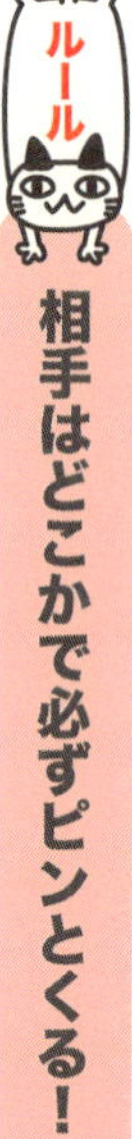

相手はどこかで必ずピンとくる！

映像について話すときのポイント②

「ちょっと寒くなってきたね」と言われたら
寒くなってきた情景をイメージして話す

相手が乗ってこなければ、
別の映像を思い浮かべて話せばOK

- **反応が悪ければ、別の映像について話す**
- **意外性のある場面だと、相手の興味を引ける**

3 一気に話さず、順を追ってがポイント

相手が映像を浮かべるまで待ってみる

ここで伝え方の基本をお伝えしましょう。映像を1枚ずつ送るとはいえ、それをいっぺんに話してはいけません。

「ちょっと寒くなってきたね」と言われて、
「そろそろコートを着ている人が出てきましたし、ショップの売り場はもう真冬一色なんですけど、半袖で歩いている人も見たんですよ」

とやってしまうと、相手は映像が多すぎてついていけなくなります。

スマホで撮った写真を人に見せるとき、一気にスクロールする人はいないでしょう。

相手が1枚目の写真を見て、その内容を確認したのを見届けてから次の写真へと移るはず。話すときもこれと同じです。1枚目の話をしたとき、相手はその映像を頭に浮かべます。それを相手が理解する「間」を空けて、2枚目の映像に移る。

この感覚を養うことが、会話がとぎれず盛り上がる力をつける近道です。とても大事な点なので、後の章でもっと詳しくお伝えしましょう。

例えば、「昨日の休みはどうしていたの?」と聞かれたときも、次のように伝えれば会話があふれ始めますよ。

Aさん「昨日の休みはどうしていたの?」
Bさん「携帯電話を買いに行ってました」
Aさん「へえ」
Bさん「それがショップの女の人がすごく疲れている人で」
Aさん「わあ」
Bさん「目の下に隈(くま)ができてたんです」

Aさん「休みがないのかな?」
Bさん「そうかもしれません。うしろ姿でため息ついてましたから」

どうですか。たいしたことは話してないでしょう。でも、あなたの頭の中にBさんの話す情景が浮かんだのではありませんか。

ただ**「ショップの女性が疲れている人でした」と言うのと、「目の下に隈ができていた」と言うのとでは、相手の頭の中に浮かぶ映像のリアル感が全く違います。**さらに「うしろ姿でため息をついていた」なんて言われたら、言葉で聞いていない部分まで想像してしまいそうです。具体的な表現をしてもらったほうが、相手も会話に参加しやすくなります。

とくに会話のスタート時点では、こういうゆっくりした伝え方が大事です。相手の頭の中に、お話の舞台設定ができるまでは映像を1枚ずつ丁寧に送ることを意識してみましょう。

会話がふくらむ話し方とは？

4 こんなひと言で瞬時に共感される！

最後に気持ちを話してみよう

もうひとつ、少し言葉を足すだけで会話があふれる秘訣をお伝えしましょう。相手の反応が大きくなり、質問もドンドン出てきて「相手の食いつきが違う！」と感じてもらえるはずです。

例えば、「この春で上司が異動になるんです」と話すとき。

多くの人は話をこれで切ってしまいがちです。でもそう言われた相手は、どう返事をすればいいのか戸惑います。「寂しいですね」と言うべきか、それとも「良かったですね」と言えばいいのか判断がつきにくいのです。

だから様子を見るために「そうですか」とニュートラルな言葉を返すことになります。相手の反応が薄いと、今度は自分のほうも話す意欲を失います。つい、「そうなんです」と言って、話が終わってしまいます。

ここでひと言足すだけで、相手に映像が浮かぶコツがあります。それは最後に気持ちを足すこと。

「この春で上司が異動になるんです」に続けて、「いやあ、ホッとしました」と言えば、相手もすぐ「相性が悪かったのですか？」と食いつきます。

相手の頭の中には嫌な上司像が続々と押し寄せていて、「パワハラ」「嫌味」などのイメージから、「我慢する部下」「望まない飲み会でのつくり笑い」へと悲惨な映像が次々に浮かび、この話し手への同情や解放感にまで共感が広がります。

もう会話することに困らない状態です。

反対に「この春で上司が異動になるんです」に続けて、「すごく寂しくなります」と言えば、相手はいい上司のイメージを広げ「仕事ができる」「教え上手」「責任感が強い」などの映像を浮かべながら話せるので、会話も広がるというわけです。

これで親しみをもたれ、共感される！

これはほとんどの会話に応用可能です。何かを話したら、最後に必ず自分がそれをどう感じているのかを付け加えるようにします。

それだけでも相手の反応が全く違うものになります。

「新しい靴を履いたら、足に合っていなくて後悔してます」
「駅の階段を駆け上がれず、電車の発車に間に合いませんでした。情けない」
「5歳の子どもに舌打ちをされて、ムカついた」

こんな感じでけっこうです。気持ちを最後に足すだけで、その話をあなたがどう感じているかが相手に伝わります。それだけで互いが同じ気持ち、同じ映像を描きながら会話ができるので、話がはずみやすくなるのです。

話の最後は「気持ち」で締めくくる

5 「カニがいた」より「生きたカニがいた」のほうがいい

動画で表現できるとなおいい

「頭の中に描く映像は、絵なのかそれとも動画なのか？」

ときどきいただく質問です。

答えは動画なら、なお良いです。動画は絵よりも情報量が多く、気持ちを感じやすくなるため、より想像力をふくらませやすいからです。

最初から動画で、というと、むずかしく感じる人がいると思い、映像と表現しました。

もちろん、絵しか浮かばないのなら、それでけっこうですが、何らかのタイミングで頭の中に動画が現れたら、ぜひその経験を大事にしてください。

表現次第で、相手の想像力をふくらませられる

A

飲食店内の生簀（いけす）に

カニがいたよ

と言ったとき、相手がイメージする映像は……

B

飲食店内の生簀（いけす）に

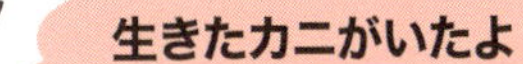

生きたカニがいたよ

と言ったとき、相手がイメージする映像は……

**静止画ではなく、動画で伝わると
相手の反応もさらによくなる**

では、「動画で見える」とはどういう状態なのかお話ししましょう。

例えば、日本海の温泉地、飲食店内の生簀（いけす）の中にいるカニの話をするとします。

「カニがいたよ」と言うのと、「生きたカニがいたよ」と言うのとでは、聞き手の脳裏に浮かぶ映像がかなり違ってきます。

ただ「カニがいた」と言われると、聞き手の浮かべる映像も静止画になってしまいます。でも「生きたカニがいた」と言われると、カニがプクプク泡を出しているところや、足が動いている映像が見えます。

さらに、指で突きたくなる気持ちにもなりそうです。「生きたカニ」という表現は、確実に動いている姿をとらえたものです。

「生きたカニがいた」と言えるのは、話し手の頭の中でカニが動いていたからです。動画を思い浮かべて話せば、聞き手にも動画で伝わります。

同じように「雪だった」という表現と、「雪が舞っていた」という表現では、明らかに後者のほうが映像に動きがありますね。

「カップルが多かった」と「カップルがみんな手をつないで歩いていた」という表現を比べると、後者のほうが動いている感じが伝わります。

どれも話し手が頭の中で思い浮かべる映像が動画であったから生まれた表現かと思います。

むずかしいと感じた人は、しばらくは静止画で想像しましょう。日頃から意識して映像を思い浮かべているうちに、きっと動画で想像できる日がやってきます。

ルール

動画で想像すれば、よりリアルに伝わる!

6 聞き手の想像を裏切る表現を！

「彼氏ができてから不幸」と言うと映像力マックス

私たち人間は共同して生きるなかで、他人の気持ちに敏感になるように発達してきたようです。他人の気持ちに触れると脳内の神経細胞が急激に発達し、他の神経細胞とつながり合い、情報交換をするような仕組みができています。ＮＨＫの特別番組で、この様子が紹介されていました。

会話をするときにもこの仕組みが働いて、他人と気持ちのやりとりをすることで脳内の神経細胞が刺激され、映像が瞬時に浮かぶなど、ひらめきが生まれるのだろうな、と私はそのとき感じたものです。

他人の気持ちに触れると、脳細胞が刺激されるという原理を応用し、会話が大きくはずむ気持ちの伝え方をご紹介しましょう。

それは、**聞き手が想像するものとは逆を行くような気持ちを表現すること。**これで、相手は一気に会話に引き込まれます。例えば、

「明日は雨だ。でも嬉しいな」

「会社にお菓子がたくさんあって、すごい迷惑」

「彼氏ができてから不幸」

こんな表現をされるとその先を聞いてみたくなりますね。何も聞かなくても想像力がふくらんで、話があふれ出すのです。これなら少し意識するだけで、ほとんどの人が実行できることでしょう。ぜひ試してみてください。会話の量も、中身の濃さも、そして何より他人との距離も大きく変わることと思います。

人はギャップに反応する！

7 「課長の口がへの字になった」と言えるまで観察しよう

絵を描くのが上手な人と、会話上手は似ている！

絵画が上手な人は描く対象を隅々まで観察して、鮮明に記憶しているのだそうです。才能がある人とない人とでは、その観察の仕方に天と地ほどの違いがあるのでしょう。

会話も同じです。**話がうまい人は、体験しているそのときに景色や人の顔、表情、服装、色などをしっかり見て、音をはっきり聞き、匂いを感じているのです。**

一方、話が苦手な人は、いつもぼんやりとしか認識していないので、具体性のない曖昧な内容になってしまいます。

話す内容がぼんやりしていると、相手の反応も悪くなりがち。それでますます話すことをためらうようになるのです。

例えば「課長がずいぶん考え込んでいた」という話も、自分がなぜ「課長が考え込んでいる」と感じたのか、その風景を見たときにしっかり感じとっていればもっと具体的な表現ができるはず。

この方は私が質問やたとえ話などでサポートをすると、この話をこう表現し直してくれました。

「課長がずいぶん考え込んでいた。口がへの字になっていた。課長のあんな顔は初めて見ました」

こう表現できたら、飲み会でも話題の中心になれるでしょう。

また別の人は「隣の課は全員仲がいい」と言ったきり話を終えたので、やはりサポートをすると、こう言ってくれました。

「隣の課は全員仲がいいんです。いつもみんなでランチ食べてますから」

こう言ってもらえると、相手も話に乗っかれそうです。

私がサポートをすると思い出せるのですから、この方々の記憶の中にはこの映像がしっかり保存されているということ。

でも自発的に言葉にすることがむずかしいのです。

これを解決するには、**その物事を見たり感じたりした瞬間に、自分がなぜそう感じたのかはっきりさせる意思を持つことです。**

「これを誰かに伝えよう。そのためには相手が映像を思い浮かべやすいように、具体的な伝え方をしなくちゃ」というふうに。

こんな意識をもって、日々、人の顔や振る舞いを見ることで、映像をよりはっきりと記憶に刻みつけることができるでしょう。

ルール ふだんから、今見ているものを誰かに伝える気持ちで観察しよう

3章

「3つの視点」で面白ネタが、ザクザク見つかる!

「何を話せばいい?」はこうして解消!

1 ネタの上手な見つけ方とは？

ネタは3つの視点で見つかる！

「この間、温泉旅行に行ったんだ。よかったよ。料理もおいしかったし」

お話が苦手な人は、これだけ言って話を終えてしまいます。

でも、話のうまい人だと、電車の中の話に始まり、仲居さんとの会話、温泉、地元の人とのふれあい、料理、お酒、朝食、お土産と、各々にまつわるドラマを面白おかしく、話せるものです。

なぜ、話のうまい人は、「あのね」「そういえばね」と話すネタが尽きないのでしょう？

話題の上手な見つけ方

**「したこと」「思ったこと」「話したこと」を
ネタにしよう！**

それは「話題を作るスキル」があるからです。このやり方さえわかれば、誰でも「あのね」「そう言えばね」と話を切り出すことができるようになるはずです。

さあ、どこに目をつければ、小さな出来事をドラマのように面白く、聞く人を惹きつける展開で話せるようになるのでしょうか。

私たちは常に「思う」「話す」「する」ことを重ねて日々を過ごしています。

あなたも毎日、朝起きてから通勤電車に乗り、会社に行って仕事をし、家に帰って寝るまでに、いろいろな「思う」「話す」「する」を繰り返しているはず。

その中に、川底にキラリと光る砂金のように、魅力的な話題が必ず隠れています。

まずは、今日経験した小さな出来事の中に、自分が「したこと」「思ったこと」「話したこと」を振り返ってみましょう。

きっといい話題が見つかります。

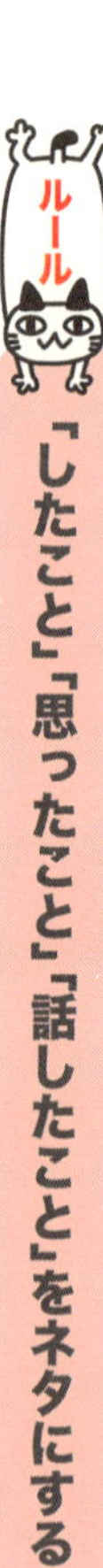

「したこと」「思ったこと」「話したこと」をネタにする

2 自分が「したこと」は、こう話す

それをしたときの気持ちを話す

まずは「したこと」に目をつけて、話題があふれ出る方法をお伝えします。

テーマは温泉旅行に行ったことにしましょう。

あなたも旅行に行った経験があるはず。まずは、いい話題になるかどうかなど考えずに、どんなに小さなことでもいいので、自分が「したこと」を映像で思い出してみます。

温泉旅行ならば、**「電車に乗った」「駅弁を買った」「ビールも買った」「足湯につかった」「ホテルについた」「チェックインした」「部屋に通された」「浴衣に着替えた」「温泉に入った」「夕ご飯を食べた」「酔っぱらった」**などでいいでしょう。

これをいい話題に料理するワザがあるのです。

そんなことを思い浮かべて、いい話題が見つかるのだろうかと疑問に思った人もいるかもしれません。ここからが腕の見せ所です。

私たちはどんなときにも、どんな振る舞いにも、その底辺に気持ちを潜ませています。この気持ちを語ると、他人から興味や親近感を持ってもらえます。

映像で振り返ると、気持ちに気づきやすい

いろいろと挙げた「したこと」の中に、気持ちを見つけやすいものがないか考えてみましょう。映像で振り返れば、気持ちも思い出しやすくなります。

この温泉のお話は私の生徒の実話です。彼は「電車が発車した」に気持ちを見つけました。彼が見つけた気持ちは「寂しさ」でした。「電車の発車」が「寂しさ」につながる。これだけ聞いただけではその先が読めず、興味がそそられる展開ですね。

「私は旅行に行くとき、電車が動き出すと何だか急に寂しくなるんです」

「したこと」をもとに話してみる

温泉旅行で
「したこと」を思い出してみよう

その中から、
気持ちを語れる体験を選び出そう

ほら、もう小さなドラマが始まりましたよ。こう言われたら、みんな固唾（かたず）を呑んで話に聞き入ることでしょう。

どうしてそんな気持ちになったのか、説明するといいお話になる

さて彼は「電車が発車した途端に寂しさを感じた」のだそうです。

この気持ちを相手にうまく伝わるように話してみましょう。うまくできたら、それでいいお話の一丁上がり。彼はこんな話を聞かせてくれました。

「自分は生まれつきのネガティブ思考で、旅行に行くときもこの旅行もすぐに終わってしまうんだと考えてしまうんです。とくに電車が動き出した瞬間に、ああいよいよ終わりに近づいていると考えてしまうんです。だから温泉旅行に行くときも、電車が動き出した瞬間にもう寂しくなっていました」

ほら！　いいお話になりました。極め付きのネガティブ思考の披露です。

気持ちを話題にできると、周りの人も自分のエピソードが映像で浮かぶので、話し始め

る人が続出しそう。みんなが参加できる話題を提供できる人。これこそが目に見えないファインプレーなのです。こうなったら、あなたはもう飲み会ではなくてはならない存在。

まずは「したこと」を思い出してみる。その中に気持ちが潜んでいそうなものを見つけて、どうしてそう感じたのかを説明する。これでひとつのお話が完成です。

この方法を使えば、話がいくつも見つかるようになります。

スポーツをした、飲みに行った、通勤のために朝支度をした、出張に行った、などどんなことにもその中で「したこと」を探してみましょう。その中に気持ちが感じられそうなものが見つかれば、いいお話の完成です。ぜひ今すぐにでも試してみましょう。

ルール

「したこと」＋「どう感じたか」で楽しいネタに！

3 気持ちがわからないときはこうする！

気持ちがプラスか、マイナスかを探る

前項で、自分が「したこと」に気持ちをプラスしてお話しすると、相手の興味を引けるとお伝えしました。このとき、私の教室でよくいただく質問があります。

それは、「気持ちがはっきりしている場合はいいのですが、そうでない場合はどうしたらいいですか」というものです。

そんなときは、**まず「したこと」に対して感じる気持ちが、プラスなのかマイナスなのかを探ってください。**

「したこと」に対して、どう感じるのか振り返ろう

「チェックイン」するときの気持ちを探る

ホテルにチェックインしたとき

気持ちはプラスか、マイナスかを考える

そう思う理由について考える

お話になる！

次のお話は教室の生徒の実例ですが、温泉旅行に行ったときに「したこと」を探してもらうと、彼は「チェックインしたこと」を挙げました。

彼も初めは「チェックインしたことに、何の気持ちもわかない」と言っていました。

しかし、プラスかマイナスかを尋ねると、マイナスと答えるのです。何がマイナスか探ってもらいますと、**「字が下手なので、旅館の受付の人の前で名前を書くのは緊張する」**と話してくれました。

ほら！　また話がひとつ見つかった。

これを誰かに話すのなら**「ホテルや旅館のチェックインはけっこう緊張するんです。私は字が下手なんで、受付の人の前で名前や住所を書くのは冷や汗ものなんです」**となります。

結局、この人が心の奥で感じていたのは「恥ずかしさ」だったようです。

私たちはどんな些細な場面でも、何らかの気持ちを感じながら生きています。何の気持ちも感じずに暮らしている人などいません。

ただ、忙しい生活、いろいろと我慢を重ねるストレスの多い暮らしの中で、自分の気持ちを感じることを怖がってしまった結果、本当の気持ちに気づけなくなっただけなのです。

もし本気で口下手を脱し、楽しく朗らかな毎日に変えると決めたのなら、自分の感じ方に目を向けてみましょう。

プラスなのか、マイナスなのかをじっくり探っていくうちに、「うれしい」「自慢したい」「困った」「恥ずかしい」「怒った」というように、心がその都度、何かを感じ取っていることに気づけますよ。

気持ちを表現することを恐がらないで

人は他人の感じ方を知りたいと思うし、またそれに魅力を感じるものです。だから、自分の気持ちを人に伝えることが恥ずかしい、あるいは恐いと思っていると他人と親しくなるのに苦労します。

あなたの小さな失敗や至らなさは、実は魅力。至らなさを素直に語れば、他人も至らなさを許された気がしてホッとできます。自慢屋が敬遠されるのとは真逆ですね。

他人を傷つけること以外はオープンにしてOK

お話が苦手な人は、心優しい方が大半。だからその気持ちをオープンにしても他人から嫌われることはないでしょう。

人が嫌うのは他人を傷つける言葉。そして攻撃的な気持ち。いじめや復讐などにつながる気持ちは当然NG。この本を手に取るような方は、おそらくそういう気持ちとは無縁でしょう。少しずつでけっこうですから、気持ちをオープンに語る勇気を出してみてください。

ルール

自分の気持ちがプラスかマイナスかをはっきりさせる

4 「思ったこと」にはいい話題がいっぱい

率直な思いは笑いを生む

映像と気持ちを使って出来事からお話を生み出す方法はうまく使えそうですか。

今度は「思ったこと」を見つけて、それをお話にしてみます。「したこと」と同じように温泉旅行をテーマにします。

「思ったこと」には気持ちが直結していますから、いいお話になる可能性が高いものです。

教室でもいいお話が続々出てきます。ある生徒にも「思ったこと」をいくつか挙げてもらいました。

「ホテルを初めて見たとき、パンフレットの写真よりしょぼいと思った」
「出迎えてくれた仲居さんが綺麗だと思った」
「カニなんて3年ぶりだなと思った」

けっこういいものが見つかりました。もうお話がすぐに始まりそうなくらい魅力的ですね。この中で彼は「ホテルを初めて見たとき、パンフレットの写真よりしょぼいと思った」を選びました。

「思ったこと」に続く気持ちを見つける

あとのプロセスは「したこと」と同じです。そう思ったことの奥にどんな気持ちがあったのか探ってみます。そのときの情景を映像で浮かべると、気持ちが湧いてきやすくなります。

さて、彼に感じた気持ちを探してもらいますと、初めのうちは「残念」か「失望」、または「怒り」だと言っていました。でも彼が最後に見つけた気持ちは「焦った」だったのです。予

「思ったこと」についてどんな気持ちかを感じてみる

温泉旅行をしているときに
「思ったこと」を思い浮かべる

印象的なものを思い浮かべたら、
その気持ちを探る

想を覆す意外な気持ちに、聞き手の期待も高まります。

「ホテルを初めて見たとき、パンフレットの写真よりしょぼいと思って焦りました」と言われたら、聞き手の頭の中はその先を想像して期待でいっぱいです。

なぜそう感じたのかを説明する

そしてセオリー通り、なぜ「ホテルを初めて見たとき、パンフレットの写真よりしょぼいと思って焦った」と感じたのかを、丁寧に説明してみます。

とくになぜそういう気持ちになったのか、なぜ焦ったのかがよく伝わるように話してみます。

彼はこんな話をしてくれました。

「友人にパンフレットを見せて、このホテルがいいよ、オレにまかせてと言って温泉に強引に誘ったのに、ホテルの玄関についてびっくり。あまりのしょぼさに、友達に何と言っていいのか焦りました」

ほら！　楽しい♪　いいお話ですね。これで聞き手に話し手の気持ちがそのまま伝わって、共感を得られます。

実はこの方、こんないい経験をしていながら、この話を誰にもしてこなかったようなのです。なんともったいない！

彼は「温泉に行ったけど、思っていたよりしょぼい感じだった」という程度の話しかできないと思っていたので、その値打ちに気づかなかったのだとか。

お話が苦手な人はいい経験をしても、それが魅力的な話題だと気づかないという典型的な例です。

気持ちをオチにして、それがうまく伝わるように話す。これでいいお話が一丁上がりとなるのです。

ルール

「思ったこと」＋「なぜそう思ったか」でいい話が生まれる

5 「話したこと」は最高の話題！

共感されるネタがたっぷり

「したこと」「思ったこと」を話題にしてみました。もうすでにいくつものお話が生まれていますね。

今度は「話したこと」です。

実は「話したこと」は、そのほとんどがいい話題になります。

なぜなら、会話を再現すると、聞き手は瞬間的にその場にいる人物の気持ちを想像しやすくなるため、感情移入できるからです。とにかく会話は気持ちが伝われば大成功なのです。

「話したこと」を映像で思い出してみる

温泉旅行で、「話したこと」を思い出してみる

印象的なものを思い浮かべたら、そのときの気持ちを探る

印象に残る場面を話してみよう！

コツは使った言葉のまま会話を再現すること。「映像を思い浮かべながら」振り返っていきましょう。

これも生徒の実例を使ってお伝えします。テーマは引き続き温泉旅行です。

彼はこんな会話を思い出してくれました。

「一緒に行った友人と、〝心付けってするの？〟と話した」
「仲居さんに、〝このホテルは再来月に改装が始まるんですよ〟って言われた」
「温泉につかっていたら見知らぬおじいさんに話しかけられて、〝この温泉の由来を知っとりますか〟と尋ねられた」

なかなかいい会話です。会話が丸ごと再現されていることをご確認ください。

こうして映像で振り返っていくと、自分もけっこういろいろなことを見たり聞いたりしていたことに気づくのではないでしょうか。

この過程の中で、あなたはきっとその場面の映像を、しっかりと頭の中に浮かべることでしょう。**こうして映像を浮かべることを意識していくことが、楽しい話題がパッと浮かぶようになるトレーニングになるのです。**

彼は「温泉につかっていたら見知らぬおじいさんに話しかけられて、〝この温泉の由来を知っとりますか〟と尋ねられた」を選びました。方言まで再現できたら、もう一流の話し手です。

さて、次にすることはもうおわかりかと思います。

選んだ会話の中で、そのとき感じた気持ちを探してみます。むずかしい場合は、プラスかマイナスかを探ってみるのでしたね。彼は「困った」を選びました。

なぜそう感じたのかを説明する

仕上げは、なぜ困ったのかを聞き手にわかるように話します。彼のお話は面白いものでした。

「温泉につかっていて、そろそろ上がろうと思っていたら、土地の人らしきおじいさんに話しかけられて、『この温泉の由来を知っとりますか』って聞かれたんです。『知りません』って答えると、『この温泉は一度地震で壊滅しましてな、それを駅前に立っている銅像の人が一人立ち上がって立て直したんですわ』などと30分ぐらい説明されて、のぼせてくるし、夕食の時間は迫ってくるしで、本当に困りました。私はこのへんで失礼しますっていうことが、うまく言い出せないたちなんです」

この会話の内容で彼の困った顔が浮かびましたね。彼はきっと優しい人なんだろうなと感じさせるお話でした。

こんな具合に「したこと」「思ったこと」「話したこと」をテーマにして、映像を浮かべながら思い出してみますと、あれよあれよという間にお話の材料がいくつも生まれてきます。

それを「気持ち」という調味料を使って、おいしい料理に仕上げます。「会話があふれ出てくる話し方」というのも、大げさではないことを認めてもらえると嬉しいです。

6 「で、何が言いたかったの？」とはもう言わせない

カニを見て「せつなさ」を感じた話

お話が苦手な人のよくある悩み。それは話をした後、相手から「で、何が言いたかったの？」と突っ込まれること。

口下手な人はどうしても時系列で話をして、しかも一気に話を進めるので、自分でも何を伝えたいのかわからないまま話を終えてしまいがちです。

でも、もう大丈夫！

「オチにするのは気持ち」です。これさえわかっていれば、あとは楽勝。

人と話すときは、どの気持ちを伝えたいのだろうと探りましょう。

気持ちが見つかればそれをオチに持っていき「……な気持ちになった」と締めくくってみてください。

例えば、前出の「カニなんて3年ぶりだなと思った」というお話（80ページ参照）。これも生徒の実話がもとになっていますが、この方の気持ちは「せつなくなった」でした。カニでせつなくなるなんて、いい話になりそうな予感がします。

なぜ「せつなくなった」のかをうまく話せれば、聞き手の想像力がかきたてられ、その話に感情移入できます。そうなれば聞き手も、他人事ではなく、まるで自分の体験であるかのごとく話に入り込んでいけます。

この方の話をご紹介しましょう。

「私、しみじみとカニなんて食べるのは3年ぶりだなと思いました。実は、この3年間は会社の倒産や彼女との別れがあって、収入も激減。気持ちが晴れることもない毎日だったのです。

それがここにきてようやく正社員の仕事も決まり、温泉にでも行こうかという気持ちにやっとなれました。この3年間のことを思い出すと、せつなくなったのです」

うーん、人間だなー。ドラマだなー。幸せになってほしいなー。ね！　いいお話でしょ。急にこの方を応援したくなるものです。あなたも、気持ちがオチになるように、お話しすれば周りの人ともっと仲良くなれます。

ルール

気持ちをオチにすると共感されやすい！

7 場を盛り上げる人、盛り下げる人の差とは？

気持ちはひとつに絞って伝える

「したこと」「思ったこと」「話したこと」を映像で思い出し、そこにあった気持ちを説明する。この方法をマスターできれば、アッという間に豊富な話題の持ち主です。ただ、ここで必ず守ってほしいルールがあります。

共感を得るいいお話にする重要ルール。それはお話で伝える気持ちはひとつに絞ること。

お話が苦手な人ほど、ネガティブな感情を話すと、自分の評価を下げることだと思い違いをしています。

だから、そんな自分をフォローする言葉をつい挟んでしまうのです。

先ほどの、「この3年間は気持ちが晴れることがなかった」（91ページ参照）という話に、「まあ、悪いことばかりでもなかったんですけどね。付き合う女性はいませんでしたが食事ぐらいはしてくれる人もいましたし」などと、**余計な言葉を入れてしまうとどうでしょう。これでは「せつなくなった」という言葉が生きなくなります。**

聞き手にはどの気持ちを伝えたかったのかわからなくなり、「結局、何が言いたかったのだろう」という疑問が生まれ、お話のインパクトも激減してしまうのです。

ネガティブであろうと、不幸であろうと、それで誰かを困らせたり、傷つけたりしない限り、その気持ちは全て許されるものです。

誰にでもネガティブな気持ち、不幸な気持ちはあるもの。あなたが正直にその気持ちを語れば、人はそれに共感してくれます。

堂々と自分の感じ方を人に伝えてください。それが他人との距離をグンと縮める秘訣です。

ルール

余計なフォローや言い訳をすると、伝えたい気持ちが曖昧になる

8 雑談ネタはスグ見つかる

始業前の話は面白ネタになる！

ここまでお伝えしてきた方法を使えば、どんな場面でもいい話題がすぐに見つかります。
例えば始業前の軽い雑談をテーマに、話題を見つけてみましょう。
始業前の雑談の話題は何でもいいのですが、せっかくですから始業前にしていることから見つけてみましょう。

あなたが始業前に「していること」「思っていること」「話したこと」をいくつか挙げてみてください。

「パソコンを立ち上げる」「掃除する」「コーヒーを淹(い)れる」「係長の机はいつも片付いて

ないと思う」「課長とプロ野球パ・リーグの話をする」などと、何でもいいので思いつくままに挙げてみます。

次にその中で気持ちを感じるものがあれば、もういい話題の出来上がりです。

こちらは私の会社の女性のお話です。彼女は「パソコンを立ち上げる」に「イライラする」気持ちを感じて、こんなお話をしてくれました。

「私の会社のパソコンは立ち上がりが本当に遅い。立ち上げて、お掃除をしてお茶を飲んでようやく画面が開いている。ウインドウズだって10の時代なのに、まだ7だなんて時代遅れもいいところ。社長は、うちのパソコンはウインドウズ昭和50年ぐらいなんじゃないかって言ってたけど、つまらない冗談を言う暇があれば早く買いなおしてほしいもんだ」

見事にイライラ感が伝わってきました。最後はパソコンではなく、私にイラついていることもわかりましたね。

ランチタイムの話をするときは？

ランチだとどうなるでしょうか。ランチ前に「していること」「思っていること」「話したこと」を思い出してみてください。

次のお話は教室の生徒が話してくれたものです。

「なるべく電話に出ないようにしている」「お腹が鳴っているのを周りの人に指摘される」「社食の本日のランチをネットでこっそり見ている」「予算は３００円」などなど、**食事は食欲やお金など人間の煩悩と直結しているので、いい話題が目白押しです。**

彼女が選んだのは「なるべく電話に出ないようにしている」でした。感じた気持ちは「迷惑」。こんなお話になりました。

「お昼休みの直前にかかってくる電話ほど迷惑なものはありません。もし長々と話をされたら、自分のお昼の時間がそれだけ削られるのですから大問題です。

12時数分前に電話が鳴ると、みんな一瞬黙ります。そして私は『誰か電話を取って』と祈るのです。でも誰も出ません。そして一番年齢が若い自分が、耐えきれずに電話を取ります。電話の声でわかるんです。この社長の電話は長い。ああ辛い。みんな私を見捨ててランチに行かないで」

すぐにここまで上手に話せないかもしれません。初めは小さな出来事と、そこに感じる気持ちをうまく伝えようと努力してみてください。

相手からきっといい反応が返ってくるようになります。勇気を出して「あのね」「そう言えば」と話を切り出してみましょう。

ルール

どんな話題も「していること」「思っていること」「話したこと」という切り口で探すと、共感されるネタが見つかる

4章

「区切って、ゆっくり」で見違える

ありふれた話で10倍共感される話し方

1 一気に話すと、どんな話も台なしになる

誰でも自然に映像化しながら話を聞いている

「映像化」なんて言いますと、多くの方が「?・」という表情をします。それほど耳慣れない言葉なのでしょう。

繰り返すようですが、私たちは知らず知らずのうちに、映像を思い浮かべながら話をしたり、聞いたりしています。

例えば、あなたが喫茶店でお茶を飲みながら、誰かとお話をしているとします。

「週末に出かけるいい場所はないかしら」

こんなふうに聞かれたときに、あなたが、

「中之島（なかのしま）にバラ園があるよ」

と言えば、相手の頭には自然とバラの花が咲き乱れる様子がパッと浮かぶことでしょう。

映像化と言いますとむずかしそうに聞こえますが、これはふだん、人の頭の中で自動的に行われていることなのです。

一気に話すと、どうなるか？

ところが、**話し手が間を置くことなく一気に話を進めてしまうと、映像が浮かばなくなります。**

試しにここで、間を置かずに次々と話してしまう人を思い浮かべてください。そして、次の文章をその人が話すペースで読み進めてみてください（句読点がないのは、一気に話す様を表しています）。

「中之島にバラ園があって そこはニュースでも紹介されたスポットで 近所にはすごくお

いしいステーキのお店もあるんですよ」

いかがですか。こんなにいっぺんに話をされると、映像を浮かべる余裕が全くないのではありませんか。これでは言葉上の意味を理解するのがやっと。聞き手の反応も「ふーん」といった程度で終わるでしょう。これが会話がしぼむ原因なのです。

会話がふくらみ、はずむかどうかは、話の伝え方にかかっています。

では、どのような話し方をすれば、聞き手が映像を思い浮かべやすく、共感しやすくなるのでしょうか。その方法について具体的に見ていきます。

会話がしぼむ原因は、一気に話す話し方にあった！

2 「まんが日本昔ばなし」のナレーションをお手本に！

これぞ想像力を刺激する話し方

人を惹きつける話し方をする人は、聞き手がラクラクと映像を浮かべられる話し方をしています。一番わかりやすい例は、以前テレビで放映されていた「まんが日本昔ばなし」のナレーションです。あの話し方を思い出してください。

「むかしむかしのことじゃった」

「ある村におじいさんとおばあさんがいたそうな」

「おじいさんは山に柴刈りに、おばあさんは川に洗濯に行ったそうじゃ」

あのゆっくりとした語り口、そして間合い。もちろん忙しい現代社会ではペースはもう少し速くなるでしょう。

でも間合いには学ぶべきものがあります。あの間合いがあるからこそ、聞き手は頭の中に映像を作り出すことができて、物語の中に入っていけたのです。

話がうまい人が話せば爆笑を呼ぶのに、全く同じ話をしても、話し下手な人が話すと全くウケないというのも、映像化しやすいか否かに原因があります。

このスキルが手に入れば、平凡なネタでも人を楽しませる話ができます。

映像化と言われるとむずかしい印象があるかもしれません。でも大丈夫。それは誰もが少し意識すれば、すぐに手に入る素敵なスキルなのです。

あなたもきっとマスターできますよ。

ルール

適度な間合いが、相手の想像力を刺激する

イメージがふくらみやすい話し方とは？

聞き手に楽に映像が浮かぶ話し方

「まんが日本昔ばなし」のナレーションは参考になる！

ポイント

「まんが日本昔ばなし」の
ゆっくりとした語り口、間合いが聞き手の
頭の中に映像を作り出している

3 この「間」でイメージがグンとふくらむ

リアルに伝わる話し方

では、101ページで紹介した「バラ園のお話」を使って、話がよく伝わる方法を具体的に見ていきましょう。

早速ですが、**あなたの周りにいる聞きやすいペースで話してくれる人を思い出してください。その人の話すペースで、108ページで紹介する文章を読んでみましょう。**

ついでにあなたも聞き手になったつもりで、お話の内容を映像で思い浮かべてみましょう。映像が浮かんだら相づちを打ってみてください。きっとゆっくりしたペースでお話が進行することになるはず。それが聞き手に映像が浮かぶ、よく伝わる話し方です。

どんな話し方だと、映像が浮かびやすい？

ゆっくりしたペースで話してもらうと、
イメージがグングンふくらむ！

それが適切な話すスピードであり、間を取るタイミングだと思ってください。

「素敵なバラ園があるんですよ」

（色とりどりのバラ、その香りまで想像しながら）

「へー、いいですね」

「中之島にあるんですけどね」

（知っている人はその場所を、知らない人は想像で）

「あ！　そうなんですか！」

「そこはニュースでも紹介されていたんですよ」

（レポーターが紹介しているところ。人気の場所なんだ！　と思いながら）

「へー♪」

「すごくおいしいステーキのお店も近所にあるんですよ」

（ジューっていう音、お肉の匂いまで想像しながら）

「うわー、行ってみたい」

小括弧の中でご紹介した内容を想像しながら相づちを打つと、ふだんより感情豊かな反応ができたのではありませんか。

話すときは聞き手がそこまで想像する「間」がいるということです。

でも、ほとんどの人が、そこまで「間」を取った話し方はしていないでしょう。

でも、ちゃんと「間」を取ってお話しすれば、バラ園の美しさや、おいしそうなステーキが聞き手の目の前に現れます。

聞き手の中に、バラやステーキが実体を持つといえば大げさかもしれませんが、リアリティが出るとはいえるでしょう。だからこそ聞き手の記憶に鮮明に残るのです。

ルール 話の場面が〝ちゃんと〟思い浮かぶ「間の取り方」を知っておこう

4 いい反応をもらえる「4つの方法」

ふだんから意識して話してみよう

次の4つの方法で、相手はあなたの話をしっかり映像に浮かべることができます。

①一場面ごとに区切りながら話す　②「間」をしっかり作る

③相手の相づちを待って次に進める　④語尾に感情表現が乗れば最高

人気のタレントさんや、周りにいる楽しい会話をしている人も、実はこのルールに基づいて話しているのです。

ルール

話し上手が日々、実践している方法を真似てみよう

聞き手の想像力を刺激する「4つの方法」

一場面ごとに
区切りながら話す

「間」をしっかり作る

相手の相づちを待って
次に進める

語尾に感情表現が
乗れば最高

**急がず、焦らず、
できるところからチャレンジしてみよう！**

5 相手の反応が薄いときは、ココを変える！

よくある共感されない伝え方とは？

話し上手な人がしている4つの方法をひとつずつ、説明していきましょう。

まずは、「①一場面ごとに区切りながら話す」について、具体的な話し方を例に取りながら見ていきます。

「私の友人が品川で焼き肉屋をオープンさせたのですが、同じ日にすぐ近くで別の焼き肉屋がオープンして焦ってました」

こんな話し方の人って多いでしょう。それでも意味ぐらいは伝わるので、ほとんどの人はその拙さに気がつきません。

しかし、自分が感じた驚きや同情の気持ちまでは聞き手には伝わりません。相手の反応も、「へー、そうですか。大変ですね」っていう程度。

これでは話もそこでおしまいになってしまいます。

話がうまい人は一場面ごとに伝える

この話には3つの場面が登場します。

話がうまい人は、その映像を一場面ごとに伝えてくれます。次に紹介するように、その場面の映像が頭に浮かんでから、次の場面に話を進めてください。

「私の友人が品川で焼き肉屋をオープンさせましてね」

「そうしたら、同じ日にすぐ近くで別の焼き肉屋がオープンしたんですよ」

「友人はすごく焦っていました」

この伝え方は聞き手が映像を浮かべるペースに合わせて話している良い例です。一場面ごとの映像がしっかり浮かびますと、聞き手の反応も大きくなって、互いに話しやすくなるのです。

聞き手の映像化は話し手より遅れる

なぜこういう話し方が必要なのでしょうか。

話し手にとって、自分の話はすでに経験したもの。当然、話し手側は、映像を頭の中に浮かべるのは簡単です。だから次々に映像を言葉にできます。

でも、聞き手は初めて聞く話ですから、話し手の言葉を受けてそれを映像に置き換えながら聞くという手間がかかります。自然と、映像化に時間がかかります。

この「時間差」を考慮して、場面をひとつずつゆっくり伝え、聞き手を置き去りにせずに話すことが大事なのです。

うまい話し手は一場面ごとに話を伝え、聞き手の映像化を待って次に進めるという話し方をしています。

「一場面だけ話し、相づちを待つ」を習慣にしよう

話がうまい人はこうしている！

6 上手な「間」の取り方とは？

相手の顔を見ながら話をする

さあ、聞き手が自分の話を映像にしながら聞いているという事実を知ってしまったら、もう自分のペースで話をすることはできません。

まず、相手の顔を見ながら話すことが必要です。

こうすると、相手があなたの話を映像にして頭の中に浮かべる様子がつかめて、聞き手のテンポに合わせて話せるようになるからです。

相手を見ずに自分のペースで話すと、ただの独り言になってしまいますから気をつけてください。

「間」を取るタイミングは？

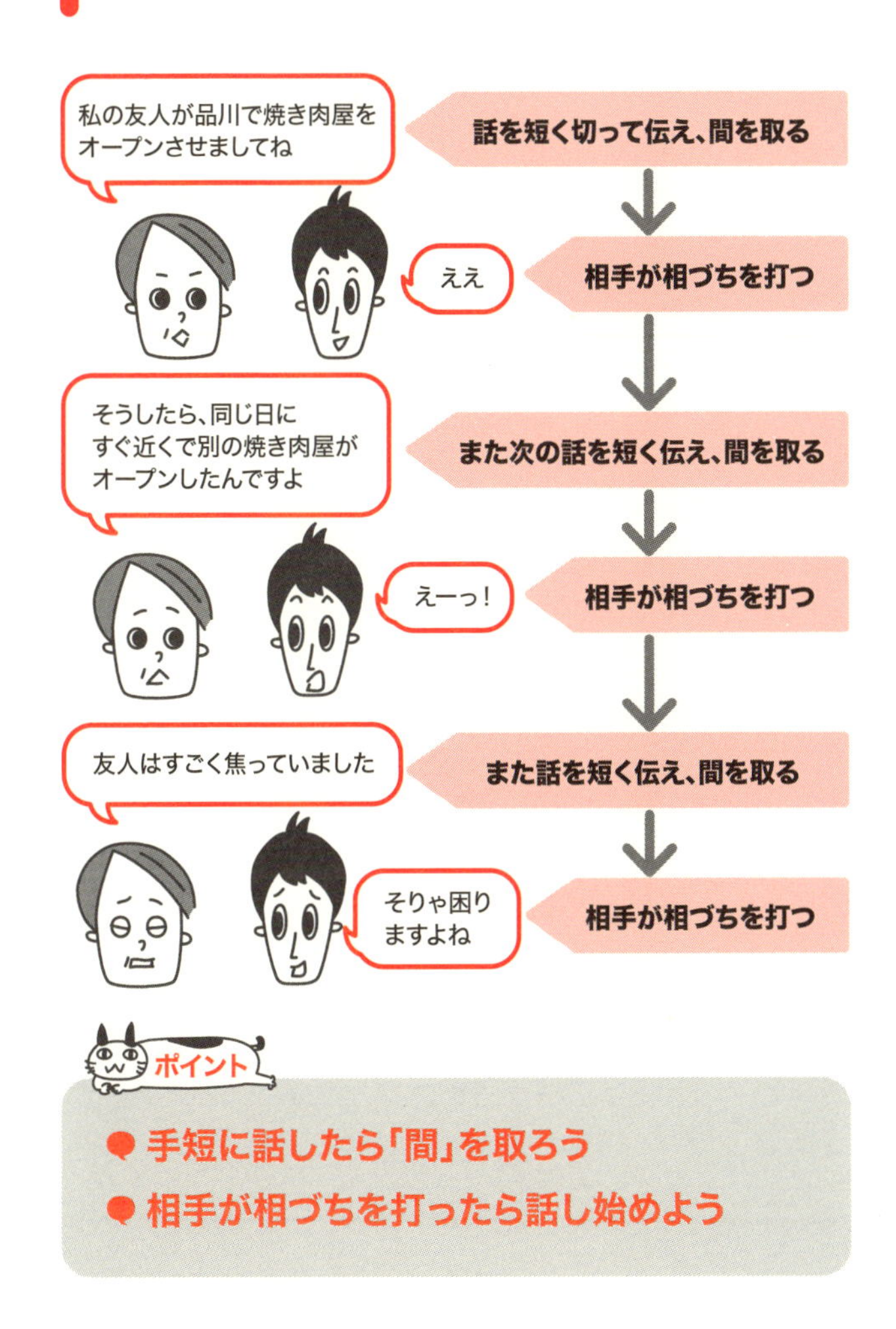

- 手短に話したら「間」を取ろう
- 相手が相づちを打ったら話し始めよう

聞き手の相づちが話を次に進めるサイン

ここでうまく使ってほしいのが「間」です。

「私の友人が品川で焼き肉屋をオープンさせましてね」

ここで相手の顔を見て、「間」を取ります。すると聞き手はその話を映像に浮かべます。

「間」とは、聞き手が映像化するための時間だったのです。

「間」ってどれくらい空ければいいのか？　そんな疑問を持つ方も多いだろうと思います。これには「〇秒ぐらい」という基準はありません。時間よりも相手の相づちをよく見てみましょう。

相づちは「映像を浮かべたよ」というサインです。聞き手の顔を見ながら話すと、相づちを強く返してくれやすくなります。聞き手があなたの「相づちを打ってね」という気持ちを感じるからではないでしょうか。さて、以上の話を踏まえて会話をすると、こんな感じになります。あなたもこの話を想像して、相づちを打ちながら読んでみましょう。

「私の友人が品川で焼き肉屋をオープンさせましてね」

「ええ」

「そうしたら、同じ日にすぐ近くで別の焼き肉屋がオープンしたんですよ」

「えーっ！」

「友人はすごく焦っていました」

「そりゃ困りますよね」

こうして、**「話を短く切って伝え、間を取る」→「相手が相づちを打つ」→「次の話を短く伝え、間を取る」→「相手が相づちを打つ」ということを繰り返して行くと、いいテンポが生まれます。**

2章で、「スマホの写真を相手に見せるタイミングで話をする」とお話ししました。この間合いを上手に作ってください。相手の相づちが終わらないうちに次の話を始めると、

聞き手はついて行くのがむずかしくなりますからご注意を。

お話では「間」が大事な役目を果たしている。昔からそう言われてきました。しかしどんな役目を担っているのかがはっきりしていなかったので、多くの人は「間」というものをあまり意識しないで話してきたに違いありません。

でも、もうあなたは「間」の役目を知ってしまったのです。「相手が映像を浮かべるわずかな〝いとま〟」を空ける勇気を持ってください。

テレビ番組には時間の制約がありますから、テレビタレントさんは早口です。でも、その内容が頭の中に描けますね。これが「間」の効果なのです。**大事なキーワードの前で話を止めて、「間」を作って次に進める。**タレントさんがそういう話し方をしていることに気づくだけでも、大きな前進になります。

ルール

話を短く切って伝え、「間」を取り、相づちを待とう

7 淡々と話す人はこうしてみる

映像をしっかり浮かべてから話してみよう

自分の気持ちを乗せて話すのが苦手で、つい淡々と話してしまう。そう感じている人は、自分が話すときの状態を振り返ってみましょう。

頭の中にあるのは「映像」でしょうか。それとも「文字」でしょうか。

言葉を追えば感情は消えます。

映像を浮かべて話せば、言葉に気持ちが乗るのです。

できるだけ話す場面を思い出して、映像を描いてみましょう。映像が浮かぶと、そのときの気持ちを感じやすくなります。気持ちをつかんだら言葉に乗せます。

例えば「すこいでしょ」「かわいそうでしょ」「びっくりでしょ」というように、言葉に気持ちを乗せてください。

ときには話している今の気持ちを「どう？　この話、すごいでしょ」と言わんばかりの言い方で表現してもいいです。

実は、私たちは言葉の中に気持ちを感じると、瞬時に映像が浮かぶようになっています。だから感情豊かに話してもらえると、話が聞きやすいのですね。

113ページで出た話を題材に、感情表現まで交えた伝え方をご覧いただきましょう。

まずは、（まあ聞いてくださいな）なんていう気持ちで話し始めます。

「私の友人が品川で焼き肉屋をオープンさせましてね」

次に、（びっくりするでしょう）という気持ちで、

「そうしたら、同じ日にすぐ近くで別の焼き肉屋がオープンしたんですよ」

（気の毒です）っていう気持ちを込めて、

「友人はすごく焦っていました」

映像を浮かべて話すと、気持ちを表現しやすくなります。
あなたが感情を伝えれば、聞き手の反応にも感情が自然と乗ります。すると自分自身もとても話しやすくなることに気づくでしょう。こうしてお互いが気持ちを伝え合うことで、いいリズムが生まれます。こうなったら会話は自然とあふれ出てきます。

とはいえ、感情表現が苦手な人にとっては、簡単に実行できることではないかもしれません。そういう場合は、映像を浮かべ、言葉を短めにして、その言葉にほんの少しだけ気持ちを込めることから始めてみましょう。
これだけでも相手の反応は変わってくるはずです。相手がちょっとでも気持ちをこめて反応してくれるようになれば、それが刺激となって自分の感情も乗せて話せるようになるはずです。

ルール
映像をしっかり描き、気持ちを乗せて話す

8 これでリアルな感想が返ってくる!

この間合いで、聞き手が当事者のように反応する

聞き手に映像を浮かべながら聞いてもらうと、素晴らしいことが起こります。

それはあなたの話が、相手にとっての〝理解〟を超えて〝体験〟へと進むのです。


友人との会話だと思って読んでみてください。

「口内炎が同時に2つできまして、それを忘れていてお寿司を食べたら醤油が口内炎を直撃してうずくまったのです」

といっぺんに伝えられると、「それは大変でしたね」という反応でおしまいになります。

それは、言葉上の意味しか伝わっていないからです。

リアルな反応が返ってくる間の取り方とは？

でも「口内炎が同時に2つできましてね」で止めてもらえて、「間」を取ってもらえると、聞き手は口内炎が2つできた映像を浮かべます。すると話し手の体験なのに、聞き手はまるで自分の口の中に口内炎が2つできたかのような感覚になります。

すると「ああー！」などというリアルな反応が返ってきます。

そこで、「それを忘れていましてね」でまた止めてもらえると、なんだか嫌な予感が聞き手の心に漂います。

「お寿司を食べたんですよ」と、コマ送りのように映像が届きます。嫌な予感が最高潮。「そうしたら、醤油が口内炎を直撃したんですよ」と言われると、聞き手はもはや他人事ではいられません。自分の口の中で醤油が口内炎に直撃！　鋭い痛みが走ったかのような感覚に襲われます。

思わず顔をしかめる聞き手。「うわー！」という声も漏れ出ます。この反応をつくったのは話し手の手柄。

聞き手は話を理解したというレベルをはるかに超えて、完全に話し手の体験を自らも体験したかのような気分です。

言葉だけで伝えられたものは、感情が湧きませんから記憶には残りにくいもの。**でも話の内容を体験して感情まで生み出されたら、それは強烈なインパクトで聞き手の記憶に残ります。**

これが一場面ずつ伝え、「間」を取り、感情表現をした効果。

「あなたの話は映画を見るように絵が浮かぶ」と言われた私の生徒（14ページ参照）は、こういうことを行なったのです。これぞまさしく正真正銘の話し上手。人の心を動かす人です。

いい話が見つかったら、まずは身近な人にこの伝え方を試してみましょう。ちゃんと相づちをもらって話すことを忘れずに。

ルール

話し手の体験を聞き手に〝体感してもらえる話し方〟がある！

9

最初に舞台設定を話しておこう

これで全体像をつかみやすい

短い言葉で「間」を取る話し方は飲み込めてきましたか。要領がつかめてきたら、応用編に入りましょう。

話の序盤では聞き手はまだ全体像がつかめていません。だから映像化に手間がかかります。そこでは本当に一場面ごとに短く切りながら聞き手の相づちを待ちつつ、ゆっくりとしたペースで話す必要があります。

しかし、登場人物や状況などがしっかり伝わり、聞き手がその頭の中にお話の舞台を設定し終えたら、少しスピードアップして話してもいいのです。

実例で紹介しましょう。ある会社の若い社長さんのお話です。

「スタッフとのミーティングを、会社の近所にあるスタバですることになりました。私は時間もかからないだろうと思ってアイスコーヒーのSサイズを頼んだのですが、このスタッフはLサイズを頼んだのです。おいおい、社長がSなら君もSだろうと思ったのですが、そんなセコイことも言えず黙ってミーティングをしましたが、気まずい雰囲気だったのを覚えています」

この話をするなら、こんな伝え方になるでしょう。

「スタッフとのミーティングをすることになりましてね」

「会社の近所のスタバなんですけども」

初めはこんな伝え方がお勧めです。「ミーティングをする」という話の舞台設定を最初に思い浮かべてもらって、その舞台の中に「スタバ」の映像を継ぎ足すという感じです。

このほうがスムーズに映像化が行われます。

最初はゆっくり伝えましょう。

「私は時間もかからないだろうと思ってアイスコーヒーのSサイズを頼んだのです」

伝える量が少し増えました。状況が伝わっているので、これくらいの量でも大丈夫です。ただし、この容量を超えると聞き手は映像化がうまくいかないでしょう。

社長がSサイズを頼んだ映像を聞き手が浮かべたところで、次の映像です。

「このスタッフがね、Lサイズを頼んだのですよ」

ここはオチですから短く切って間を取ります。オチの状況を聞き手に味わってもらいましょう。社長がSなのに、スタッフがL！　しっかり映像を浮かべた聞き手は、社長の気持ちになっていますから「それはないでしょう」とツッコミを入れてくれるはず。もちろん大きな笑いもとれるでしょう。

聞き手がオチの場面を頭に描いたら、そのときの気持ちを説明します。

「おいおい、社長がSなら君もSだろうと思ったんです」

映像を描いたところに話し手が感じたことを伝えると、聞き手も共感できます。「そりゃそうですよね」と言ってくれるでしょう。

面白い話なのに笑いが取れないという人は、この絶妙な「間」を心掛けてください。オチが取れたら後は余談です。ポンポンポンと映像を続けても支障ありません。

「そんなセコイことも言えず黙ってミーティングをしましたが、気まずい雰囲気だったのを覚えています」

話にオチがついたのですから、残りの話はまとめて伝えます。

聞き手は余韻に浸りつつ、話を反芻（はんすう）してまた笑うかもしれません。これぞ話し上手の成せる業。

映像化してもらうために「間」をしっかり取るようにと伝えましたが、聞き手の頭の中に舞台設定が済んでしまえば、あとはテンポよく伝えても大丈夫です。

家族や恋人など失敗が許される関係の人から試してみてください。きっといいコミュニケーションを楽しめるはずです。

長々と話さない、このうまい伝え方

「私の会社は池袋にあるんですけど、その近所にすごくおいしいギョーザを出す中華のお店があって」と言うとき。

話がうまい人は、こんな長々とした言い方をしません。

「私の会社の近所にすごくおいしい中華のお店があるんですよ」

「池袋なんですけどね」

「ここのギョーザは最高なんですよ」

この短いフレーズの使い方、ぜひマスターしましょう。

ルール

最初に話の舞台設定を伝えたら、徐々にスピードアップする

10 相づちを打つときはしっかりと

このテンポで、リズムが生まれる

あなたは人の話を聞くときに、しっかりとした相づちを打つ人ですか？

しっかりとした相づちとは、力強く、感情豊かで、話し手が嬉しくなるようなものをいいます。

あなたが聞き手になったときは、ぜひ相づちに力を入れてください。すると話し手が場面を区切って伝えてくれるようになります。

話し手が短く話す。

あなたがはっきりとした相づちを打つ。
また話し手が短く話す。

これがいいテンポになって、あなたも話に出てくる情景をラクに思い浮かべることができるようになります。

やがてこのテンポが体にインプットされて、あなたが話をするときのテンポになっていきます。

会話は二人で共に作るもの。この意味が体で感じ取れるようになったら、あなたのコミュニケーション力も本物になったと考えていいでしょう。

しっかり相づちを打つことで、会話に良いリズムが生まれる

5章

ひたすら傾聴はしなくてOK この聞き方で話がはずみ、あふれ出す！

1

まずは「5つの誤解」を解こう

もっと会話に参加してOK

「聞く力」についてはすでに様々な書籍が出ていて、その重要性が説かれていますが、「聞く力」の価値はほとんどの人に理解されていないように感じます。

聞く力を一から身に付ければ、会話ははずみ、人に好かれ人間関係もスムーズになります。

異性から愛され、結婚後は家族も笑顔。仕事も順調で、部下も育ち、協力してくれる人も数多いる。収入も平均よりかなり高めのはず。

聞く力とは人を愛する力。素晴らしい力なんです。

でも、聞く力を備えている人はとても少ない。それは、ある誤解からきています。その誤解とは何か？

手始めに、聞く力についての誤解を5つお伝えしましょう。

①「聞く」とは相手の話の内容を理解すること
②気の利いた質問をドンドンすること
③聞くときは自分の話はしないもの
④話し手が主役で聞き手は脇役
⑤聞き手では会話を楽しめない

いずれも、聞く力をつけるうえで妨げになる考え方です。

これらのやり方では、いつまでたっても聞く力はつきません。

話を聞くときは、

情報にばかり気を取られない。
すぐに質問しないように。
自分の話にすり替えない。
ひたすら聞き続ける必要はない。
自分も積極的に会話に参加できる。

まずは、このように頭を切り換えてみましょう。話を聞くとは、話し手の話を黙って聞くことではありません。聞き手になったら、積極的に話し手に働きかけます。想像力を刺激し、自然と話を引き出して、一緒になって会話を楽しむことができます。

さあ、これから、「聞く」についての誤解を解きながら、聞く力をつけるための方法をわかりやすくお伝えして参りましょう。驚くことがたくさんあると思いますよ。

遠慮せず、一緒に会話を楽しもう！

聞き下手と聞き上手、ココが違う！

×		○
「聞く」とは相手の話の内容を理解すること		情報にばかり気を取られない
気の利いた質問をどんどんしなくちゃ！	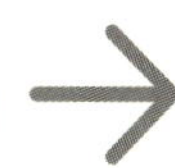	すぐに質問しないほうがいい！
聞くときは自分の話はしないもの	→	自分の話にすり替えなければOK 
話し手が主役で聞き手は脇役		ひたすら聞き続ける必要はない
「聞き手では会話を楽しめない」と思っている	→	「自分も積極的に会話に参加しよう」と思っている

2

「理解」するよりもコレのほうが大事!

言葉の意味を追うより、話の場面を思い浮かべよう

例えば、とある女性がこんな話を始めたとします。

「いつも行っているお蕎麦屋さんの天ざる定食なんだけど、前は2つ入っていた海老が1つになっていたのよ」

相手の話を理解するだけなら、「天ざる定食の海老が1つ減ったのですね」でおしまいとなる話です。反応も小さく、「あっそう」っていう程度。

次に「お蕎麦屋さんの経営も大変なんですね」なんて返すのが関の山。

男性だと「お蕎麦屋さんの経営がなぜ厳しいか」という分析をしがち。

女性は「私の近所のお蕎麦屋さんは海老が三尾だわ」などと自分の話に引き込もうとする人が多いような気がします。これでは話を聞いているとは全く言えません。話し手はちょっと残念な気がしています。話も早々に終わります、きっと。

聞き上手とは相手のことを深くわかってあげられる人のことです。

では、どうやって相手のことをわかってあげるのでしょうか。

聞き上手がその頭の中で、わずかな間に行なっていることを解説してみましょう。

ここでも登場するのが映像化です。

人の話を聞くときは、言葉の意味を考えるよりも、相手が話している内容を映像に浮かべるようにしてみましょう。それを相手の目で見た映像、相手になりきってその出来事を体験するがごとく感じることがスタートです。

ルール 相手のことを〝深く〟わかってあげるコツがある

3

コレぞ、気持ちを感じ取るワザ！

「天ざる定食の天ぷらが減った」と嘆かれたら……

自分がお蕎麦屋さんにいて、天ざる定食が運ばれてきた。ふと見ると、それまで2つ入っていた海老が1つになっている。この一連の映像を思い浮かべてみましょう。

ここで、ムリして気の利いた質問をしよう、なんて考える必要はありません。一生懸命に考えてひねり出した質問も、相手の気持ちに立たなければ、見当違いなものになってしまいます。

まずは、相手が話してくれた場面を思い描くことに集中しましょう。

話を聞くときに大事なことは？

そうですか～
どこも経営が厳しい
ですね～

うわー、
悔しいですね！

言葉の理解に努め、 自分の考えを伝えている。 話し手の気持ちを くみ取れていない	相手の気持ちを 感じ取っている。 「そうでしょ！」 と相手の話す意欲が増す

**内容の理解を脇に置き、場面を思い浮かべれば
瞬時に気持ちに寄り添える！**

たったこれだけのことですが、相手になりきって映像を描くと、相手の気持ちまで感じ取ることができるようになるのです。

まずはお蕎麦屋さんのテーブルで天ざる定食を待つ彼女の気持ちを感じてみましょう。

おそらく、いつも行っているというぐらいですから、彼女はこの店を気に入っているのでしょう。そして海老が1つ減ったことに気づくのですから、天ざる定食はきっとお気に入りのメニューに違いない。

あなたならどんな気持ちですか。「楽しみだな♪　早く来ないかな」と思うかもしれません。

そこに天ざる定食登場。お腹も鳴ります。「グーッ」。

「さあ！」と意気込んで箸を取り膳を眺めると、ふと感じる違和感。よく見てみると、

「あっ！　海老が1つ足りない」と気づく。

こんな想像ができたら聞き上手の素質あり。

相手のちょっとした話しぶりから、その気持ちを感じ取り、その背後にある小さなドラマまでをも想像するのです。

「話を聞く」とは相手の話を体験すること

映画やドラマを見ていると、主人公に感情移入してしまって怒ったり泣いたりすることがあると思います。あれは完全にその映像の中に入り込んで、自分の身に起こったこととして出来事を見ているからだと思います。

人の話を聞くというのは、まさに映画やドラマを見る感覚です。

話すとは自分の体験を相手にも体験してもらうことでした。一方、聞くとは、理解することを超えて相手の話を体験することです。体験できれば、相手の気持ちがよくわかります。

人の気持ちまで感じるのはむずかしいと思う人は、相手の視点でその場面を映像で思い浮かべる、というところまで戻りましょう。まずはそのことに集中してください。やがて相手の気持ちを感じ取れる瞬間も訪れます。自分の話を映像にして浮かべてくれる。これだけでも相手にはとても嬉しいことです。

ルール

話を聞くとは、相手の話を「我がこと」として体験すること

4 この場面で「どう感じる？」と自問してみよう

感情が乗った相づちは、相手の心に響く！

楽しみに待っていた天ざる定食。やがて目の前に運ばれて来たお膳に、海老が1つ足りない。我が身に起こったこととして、その場面を見てみましょうね。

海老が足りないことに気づいたあなたの口から、思わず言葉が漏れ出てくるはず。

「あらっ！」「ええっ！」

そんな言葉になるでしょうか。それは驚きとも落胆ともとれる響き。これは他人事で話を聞いていれば出てこない言葉であり感情です。これが相づちです。

さらに「そんな！」とか「なんで！」などという言葉も出てくるかもしれません。映像

相手の気持ちを想像するときのコツ

話し手が話す場面を思い浮かべて
そのときの気持ちを感じてみよう

天ざる定食の海老が
1つ減っていたのよ

① 天ざる定食を
待っているとき、
どう感じる？

「楽しみだな♪
早く来ないかな」

② 天ざる定食が
登場したら、
どう感じる？

「やっときた！早く食べたい！
グーッとお腹も鳴ってる！」

③ 海老天を見て
減ったことに気づい
たら、どう感じる？

「うわーがっかり！！
海老天が1つ減ってる！！」

ポイント

場面を思い浮かべると、感情移入しやすくなる

を描きながら話を聞くと、こんな言葉が自然と聞き手の口からこぼれます。
これを実際の会話にすると次のようになります。天ざる定食の彼女が、あなたに話しかけていると想像してお読みください。

「いつも行っているお蕎麦屋さんの天ざる定食なんだけど、前は２つ入っていた海老が１つになっていたのよ」

「あらあら」（「えーっ！」という相づちもありです）

「前は２つだったのに、１つになっていて」

「それは寂しい！」

「値段は変わってないのに」

「そりゃがっかりだよね」

これを本当の聞き上手と呼びます。言葉上のことだけをとらえれば、大したことのないものに見えますが、頭の中では大変複雑なことを行なっているわけです。

このことは当事者である話し手は敏感に感じ取ります。

「ああ、この聞き手は私のことをわかろうとしてくれている。私の感じたことに近いことを感じ取ってくれているじゃないか！」

これは本当に大きな喜びです。人は自分のことをわかってくれようとする人に、人間的な愛を感じるのです。それは完全にわかってもらえなくてもかまわないこと。たとえ想像が外れていようとも、わかってくれようとする姿勢、その頭の中に自分を描いてくれて一体になってくれたことが嬉しいのです。

これが男女の仲なら恋に発展します。夫婦なら強い結びつき、愛になります。仕事の間柄なら信頼へと高まっていくでしょう。これを「話を聞く」というのです。

ルール わかってくれようとする態度に、話し手は喜びを感じる

5 話があふれ出してくる！会話が止まらないルール

感情のこもった相づちで何が起きる？

「いつも行っているお蕎麦屋さんの天ざる定食なんだけど、前は２つ入っていた海老が１つになっていたのよ」

「あらあら」

「前は２つだったのに、１つになってるのよ」

「それは寂しい！」

聞き手が話し手のお話を自分のことのように思い描き、その気持ちになって返してくれる相づち。これが引き金となって、話し手の頭の中には初めは浮かんでいなかった映像が次々と浮かんできます。映像が浮かぶと相手はとても饒舌になるのです。

「実はそれに最初に気づいたのは、一緒にお蕎麦屋に行った後輩のCさんだったのよ」
「彼女は鶏天ぷら御膳だったんだけどね。いつも私の海老天と、彼女の鶏天ぷらと交換してたの。1つしかないから交換できなかったのよ」
「あれはきっと店長の企みに違いないわ」

話し手から思わず会話があふれ始めました。

実はこれ、聞き手の相づちが生み出したものなのです。話し手の気持ちを上手に感じて打つ相づちは、話し手と聞き手を同じ映像の中に連れ出し、一体感を生み出します。

すると、互いの頭の中に映像が次々と浮かび始めるのです。

聞く力を整理しておこう

ここで、聞くときのポイントをまとめておきましょう。ポイントは次の4つです。

①話を聞くときは相手の話すことを思い浮かべる
②相手の気持ち、相手の視点に立って聞く
③相手の気持ちになれば感想が思わず漏れ出る。それが相づち
④話し手が思い浮かべる映像の中に「一緒に入って行く感覚」で聞く

なお、聞き下手な方は「ええっ!」「あら!」と心では感じても、それを言葉にしない傾向にあります。これだと相手と同じ映像に入り込むことができません。感じたことを言葉にすると、相手とつながる感覚が生まれます。一体感ですね。

勇気を出して、この感覚をぜひ体験してください。

ルール

聞き方次第で、相手から話を引き出し、あふれさせることができる

聞くときのポイント

同じ場面を思い浮かべられると、
会話は最高に盛り上がる！

6 嘆いている人に寄り添う聞き方とは？

気持ちをくみ取れる人の聞き方

別の会話を使って、もうひとつ説明してみましょう。ある中年男性との会話から。

「家内は息子にばかり気をつかって、私なんか放ったらかしですよ。おかずも息子のほうがふた品ぐらい多いですから」と言われました。

相手が話している場面を想像せずに話をすると、「お子さんは何歳？」とか、「どんなおかず？」と質問するところでしょうか。ひどい人になると「奥さんを大事にしないからよ」などと責めるかもしれません。

ここで相手の話を聞きながら映像を思い浮かべ、相手の視点に立ちながら想像をふくら

ませると次のようになります。

一生懸命働いて、身を粉にして家族を守る自分。でも奥さんは自分のことを見向きもしない。なんか孤独。

晩ごはんは息子のほうがふた品もおかずが多いし。自分には話しかけもしないのに、息子にはあれこれと世話を焼く。こんちくしょー！

奥さんや息子の表情は？

ふた品多いおかずとは？

どんな想像が働いたでしょうか。

そしてあなたがその立場なら、どんな言葉を口にしますか。

「いい加減にしろ」「誰が働いていると思っているんだ」「俺にもから揚げを出せ」という責める言葉から、「寂しい」「やるせない」「出て行ってやる」という無力感いっぱいの言葉まで想像できた方もいることでしょう。

こんなふうに想像できたら、これを使って会話をしてみましょう。想像力が豊かな人ならば、話し手と一緒に怒ってあげたい気分の人もいるのかもしれません。

相手の視点に立つ会話とは？

では、同じ映像に入り込んで会話を続けてみましょう。

「家内は息子にばかり気をつかって、私なんか放ったらかしですよ。おかずも息子のほうがふた品ぐらい多いですから」

「えーっ！　それは寂しい」（すでに話の場面を想像している）

「そうなんですよ」

「そのから揚げは誰が働いた金で買ったんだって感じですよね」（想像した場面をもとに話している）

「そうそう、本当にそう」

「父親って悲しいですね」（我がことのように感じている）

「まあ、私も悪いんですけどね。実は……」

相手の映像の中に入り込むと、相手は深い話をしてくれやすくなります。会話には表面的な話と、心の奥底についての話っていうのがあるのです。

例えば先ほどの会話から、「5年ぐらい単身赴任をしていた」「家族を放ったらかしにしていたときがあった」「息子はサッカーが好き」「息子も家内の干渉に負担を感じている」などといった話が出てきてもおかしくはありません。

その中にはこの父親の人柄やご夫婦の関係も出てきます。当然、自分も似たような体験をしていれば話をします。

これが映像を共有した効果です。相手のプライベートに踏み込んだ質問をすることに戸惑いがある人もいることでしょう。**でも、これはお互いが打ちとけて、自然に出てきた会話ですから問題はありません。**こうしてお互いに深い話ができて、それに共感してわかってあげられると、もう会話はいくらでも続くものなんです。

初めて会った人との会話は続くけれど、回数が多くなるほど話すことがなくなる人は、表面的な会話（「どこの会社」「どこに住んでる」「どんな趣味」など）しかできていないということです。

お互いが同じ映像の中に入り込んで、その映像と気持ちを共有しながら会話できたら、話せば話すほど話題は増えていきます。

早速、誰かに話しかけて、このように映像を思い描く試みをしてみてください。

ルール

慌てずに、相手が話す場面をじっくり思い浮かべよう

7 「わかってほしいところ」をキャッチする

会話の初めは質問をがまんする

「相手のわかってほしいところをキャッチするのって、本当にむずかしい」

聞くスキルを教えると、教室にはそんな言葉があふれかえります。もちろん聞くのがうまい人だって、エスパーではないので、全てをわかってあげることはできません。

でも聞くのがうまい人は、相手の本当にわかってほしい部分を引き出すコツを知っているのです。

それが待つこと――。

「話を聞く」というと、質問することだと信じている人も多いはず。でも、会話のスタート時は質問を少し我慢して、話の行方を見守ったほうがいいのです。

例えば、知人との会話だと思ってみてください。

「今度、家族で旅行に行くので、昨日は車を洗ったりして過ごしてました」

と聞いて「へー、旅行はどちらに？」と質問したいところでしょう。

ところが、話し手の意図を知らないですぐ質問をしてしまうと、相手が話したいこと、わかってほしいことから話がずれてしまうことが多いのです。

話し手のわかってほしいところは、話し手が教えてくれる

では、どうしたらいいのか。先ほどの会話を使って説明しましょう。

「今度、家族で旅行に行くので、昨日は車を洗ったりして過ごしてました」

「それはいいですね」（間を作って待つ）

「娘も大人になって、家族旅行もなかなか行けなくなりましたからね」

「そういうものですか」（間を作って待つ）

「ええ、そうなんです」

「じゃ、今度のご旅行は楽しみですね」

「ええ、娘も結婚するものですから、この機会にと」

「あ！　そうでしたか。それはおめでとうございます」

これは私がご近所の方と交わした会話です。彼が一番言いたかったのは、実は娘が結婚するという「寂しさ」であったと、そのとき感じました。

話し手も、自分が「一番わかってほしいこと」を知らないもの

実は話し手自身も自分が何を一番言いたいのか、相手に何をわかってほしいのか、漠然としたまま話し始めることが多いのです。そこで、見事に話し手の一番言いたかったこと

を引き出せる人は、会話をあふれさせる聞き上手というわけです。

相手が始めた話なら、そこに必ずわかってほしい部分が隠れています。その話が出てくるまで辛抱強く待てると、会話は自然とあふれて来るのです。

映像を描きながら待つことが重要

ここが聞く力の目に見えない違いです。聞く力のない人はただ漫然と待ちます。ところが聞く力の優れた人は、話し手の話を映像にしながら待ちます。

「一番わかってほしいところはどこだろう」

「何が言いたいのだろう」

そんな相手を思いやる気持ちで、話し手のわかってほしい部分をくみ取るために、映像の中心を空けて待つのです。話し手のわかってほしい部分を感じとれたら、もう会話はあふれ出します。相手はあなたの聞く力によって、心が癒されます。

聞き手のわかってくれる力に応じて、どこまで深く話すかを決める

話し手にとって自分の気持ちや思いをわかってもらえることは、とても嬉しいことです。反対にわかってもらえないのは辛いこと。だから話し手は、聞き手がどこまでわかってくれるのかを見定めながら話をします。

あなたが「相手のわかってほしい部分をわかってあげたい」という意識で話を聞けば、相手はあなたに今までよりも深い話をしてくれるでしょう。それはすなわち、あなたを人として大事にする人、愛する人が増えるということになります。

ルール

相づちを打ちながら相手の「話したいこと」を待つと、「わかってほしい部分」が出てくる

8

聞き手が話すタイミングとは？

「わかってほしい部分」がわかったらOK

聞き手は話し手の邪魔をしないよう、おとなしく相づちだけを打って聞く。よくある聞き方の本に出てくる教えです。しかしこれでは聞き役は本当につまらないものです。聞き手ももっとしゃべって、会話を楽しみましょう。

拙著でも、話し手の「わかってほしい部分」が見つかるまでは質問を控えて、じっと待つとは言いました。でも、**「わかってほしい部分」が見つかり、話し手の話したい方向がわかったら、聞き手も「感想」という手を使って自分の気持ちを表現しましょう。**

会社内での打ちとけた人との雑談だと思ってお読みください。

話し手「今年も新人が二人配属になったよ」
聞き手「新人が来ると、こっちまでフレッシュになっていいね」
話し手「それが質問といえば、退社時間と有休の取り方しか聞かないんだよ」
聞き手「そっちのタイプか！　そりゃやりにくいね」
話し手「怒るとパワハラになるからね」
聞き手「がんじがらめだね、俺たち。部長は俺たちを怒り倒すのにね」
話し手「ほんと！　上から怒られ、下には気をつかい」
聞き手「辛いね。おかげで太るヒマもない。体調崩して、薬が増えそう」

こんな感じで、聞き手も感じたことをじゃんじゃんしゃべっちゃいましょう。私はこれもひとつの聞く姿勢と思っています。感想を言うことで、話し手はさらに話しやすくなっていますから。**コツは会話の流れを変えないようにすること。**話を奪わないように気をつけて、**手短な感想に止めます。**すぐ話し役を返して、相手がその前の流れのまま話を進められるように気を配ることです。

まずい例も紹介しておきましょう。

「それが質問といえば、退社時間と有休の取り方しか聞かないんだよ」と言われたときの感想です。

ここで「この間まで学生だったんだから仕方ないいんじゃないの」なんて言うと、相手は怒りを向ける場所がなくなって、欲求不満のまま会話を終えることに。

話し手は「休みのことばかり気にしている新人への怒り」について話しています。なのにこれでは会話は止まるし、あなたの好感度も急落。雑談は正しさの追求ではなくて、気持ちを吐き出す場所なのです。

そういうことに注意できたら、聞き手のときも感想をドンドンしゃべっちゃいましょう。

黙って話を聞くのは、相手が本当に辛い気持ちを吐き出しているときだけです。

「あなたも何か話したら」とも言われなくなります。

会話の流れを変えず、手短な感想を言おう

9

「オウム返し」はやたらに使わない

話し手が辛くなる相づちとは？

大阪の夜の紳士の街、北新地での出来事。横に座ったお店の女性との会話です。


「会社はこのお近くですか？」

「北浜です」

「北浜ですかー」

「ここから歩いて10分ぐらいかな」

「10分ですかー」

「土佐堀川沿いにあるビルですよ」
「土佐堀川ですかー」

ここまで話すと、そのオウム返しがとても気になってしまい、一緒に来た方との仕事の話もつい上の空になってしまいました。

彼女、無理にオウム返しを使っている感じなのです。きっとどこかで買った話し方の本に書いてある通りに、オウム返しを使っているのでしょう。その違和感に落ち着かなくなった客もたくさんいそうです。

このヘンなオウム返し。若い方ばかりではなく、有名な会社の役員クラスの人まで使っているのを見たことがあります。

私は声を大にして言いたい。

とりあえずのオウム返しは使っちゃダメ。あなたの信頼を損なう恐れがあります。

これは映像を全く浮かべないで、ただ間を埋めるために言葉のみを繰り返していることから起こる違和感です。**言葉が思いつかないときは「そうなんですか」っていう程度の相づちでけっこうです。**

オウム返しが生きるのは、相手の言葉に衝撃を受けたときです。こうしたときは相手の話が瞬時に映像として頭に浮かび、それが言葉となって口から飛び出します。

例えば、外資系の会社に勤める人との会話だと思ってください。


「明日から休みでして、24連休なんですよ」

「ええっ！　24れんきゅーーーーっ？！」

「家内とバリに行って来ます」

「バリですか！」

「前にバリに行ったときは、隣のコテージにタイガーウッズが泊まってましたよ」

「タ、タイガーウッズ！」

こんなときは自然とオウム返しが出るものです。これならとても自然で、相手も喜んで話してくれます。オウム返しは、思わず口から出たとき以外は使わない、というぐらいの気持ちでいてください。

ルール

相手の話を聞いて、気持ちが〝強く〟動いたときに使おう

6章

仕事、プライベートで活用したい！

大事な人の気持ちを100％つかめる！「コミュニケーションブリッジ」

1

「晩ごはん、何でもいいよ」と答えると、なぜ女性は怒るのか？

一緒に考える姿勢を示そう

意外なところからコミュニケーションの神髄に迫ってみましょう。

「今日の晩ごはん、何がいい？」と奥さまに聞かれたことのない人は一人もいないはず。

そして多くの人が「何でもいいよ」などと答えがちではありませんか。

それが優しさだと勘違いしている旦那さんもいるようで。

しかし、奥さまは仏頂面になる。

毎日そんな答え方をしている男性は、必ず奥さまの不満を募らせる原因となって、いつか怒りが大爆発することになるでしょう。

なぜこの答え方に問題があるのか。

それは困った気持ちに全く関心もなく、寄り添う思いやりもないからです。

「今日の晩ごはん、何がいい？」と聞く奥さまは、毎日のことでいい発想が浮かばなくなっています。困っているのです。

奥さまには「いつもの料理しか浮かばない」「家族は飽きたかしら」「誰か決めてほしい」などという気持ちが渦巻いています。

愛情が豊かな夫君であれば、奥さまの視点に立って想像をふくらませ、その困った気持ち、困った状況を共にしようと思うはずです。

そして「そうだねー、何がいいかなあ」

などと言って、共に悩む、共に考えるという姿勢を示すでしょう。これが奥さまの映像の中に入ることであり、愛あるコミュニケーションといえるのです。

「今夜の晩ごはん、何がいい？」の後で、少しの「間」を取り「うーん」と言って晩ごはんのことを思い浮かべます。これで「考えているよ」というメッセージになります。

そして「そうだねー、何がいいかなあ」と言うことで、ともに考えるということになり、奥さまの頭に描いている映像の中に完全に入り込むことになるのです。

しばし困った気持ちを共有した後、

「そういえば最近、あの料理を食べてないなーっていうものある？」

「今日は買い物に行くの？　それとも、冷蔵庫にある食材で作るつもりだった？」

「和食、中華、洋食で言うと、どれが浮かんでいる？」

「何か三択で考えようよ」

と一緒に悩みます。**奥さまは自分の描いている映像の中に入って来てくれて、困ったという気持ちを共有してくれる夫に、深い愛情を感じるというわけです。**

このお話、後の項でさらに神秘的なものへとつながっていきます。

ちなみに、「今夜の晩ごはん、何がいい?」と言われて即座に「カレー」とか「から揚げ」と言う人にも奥さまが不満であることは同じ。自分の困った気持ちに寄り添っておらず、自分の欲だけでものを言っているからだそうです。

世のご主人たち! 「晩ごはん何がいい?」と聞かれたら、まずは一緒に悩むべし。

ルール

相手の気持ちになって考える姿勢を示そう

2

ちょっと話すだけで、ワッと盛り上がる話し方がある！

バラバラの映像がひとつになる

相手の言葉を映像に浮かべ、相づちを打ったり感想を言ったりして、自分の気持ちや考えを伝える。これを繰り返していくと、お互いの間にとても神秘的な状態がもたらされます。めいめいが頭の中で浮かべていたバラバラの映像が、やがて共通するひとつの映像に変わっていくのです。

聞き手が映像を思い浮かべながら話を聞き、まるで自分の体験であるかのように感じ、相づちを打って「あなたの気持ちをちゃんと感じましたよ」と返す。

このわかってあげようとする気持ちが話し手に伝わると、話し手は喜びを感じて、ますます聞き手を信頼していきます。

このように互いの心に橋が架かることで、相手の感じていることや考えていることが瞬時に伝わり合うようになります。こうなると、お互いが頭に描いた映像はドンドン一致していき、言葉などいらないぐらいにわかり合えるのです。

この話をむずかしいと感じた人も多いと思いますが、実は誰もが気心の知れた人とはこうしたことをしょっちゅう行なっているのです。

とても話が盛り上がるときは、互いに少し話すだけでその意図するところが伝わるものです。相手が話す情景が次々と浮かび、爆笑の連続となる。そんな経験があるでしょう。

ことわざではこれを「以心伝心」と呼びます。同じ映像の中に入って、同じものを見ているのですから、互いが考えていることが瞬時に伝わり合って当たり前です。

「コミュニケーションブリッジ」と命名

このように互いの間に橋が架かる状態について、私は「コミュニケーションブリッジ」と名づけました。

多くの人は気心の知れた人との間だけで起こることと捉えがちですが、そうとは限りません。**相手の話を聞きながら映像を思い浮かべ、そのとき感じた気持ちを相づちで返すことで、初対面の人とも充分に心を通わせ、「コミュニケーションブリッジ」を架けることができるのです。**

これが意識的にできれば取引先やお客さまからも「また来なさい」と言われるほど好かれるようになり、やがて人間関係にも劇的な効果が表れます。もちろん、異性とだってすぐに仲良くなれます。

恋に落ちたばかりの二人がまさにこの理想を体現しています。少し話せば、いえ、アイコンタクトだけで相手の考えていること、思い浮かべていることがわかり合えます。

「やっとわかり合える人が現れた！　この人こそ運命の人だ！」と誰もが思うものです。

これぞまさに究極の「コミュニケーションブリッジ」といえましょう。

コミュニケーションブリッジとは？

**親しい人たちと
楽しく話している感覚を思い出そう！**

3 コミュニケーション上手の話術とは？

話し手と聞き手が織りなす阿吽（あうん）の呼吸

コミュニケーション上手な二人が会話をするときは、気づきにくい話術が密かに使われています。ほとんどの人が見逃している驚きの話術をコマ送りのようにして一瞬ごとに切り取って解説してみましょう。

まずは話し手。うまい人はお話のスタートで、言葉を短く切ります。

「私ね……」とこんな感じで話を止めて、聞き手を見ます。

聞き手も「ええ」とはっきり相づちを打って、話し手を見ます。

この何気ないやり取りの中に、会話があふれ出す秘密が隠されていたのです。

この間の取り方で、話し手も聞き手も映像を思い浮かべる準備ができる！

話し手が「私ね……」と言って話を止める。これは聞き手に映像を浮かべる準備を促しているのです。「どう？　準備いい？」という感じで。

それを受けて聞き手が「ええ」（「うん」でも「はい」でもＯＫ）と相づちを打つことで、「映像の準備できたよ。先に進めて」と返事をしているのです。

「私ね……」「うん」とやり取りすることで、もう二人の間にはいい関係が生まれ、同じ映像の中で話をしようという意思がスタートしています。お互いの間に橋が架かったのです。もう二人の間には、話すことがポポッと浮かび始めています。

ぜひ意識的にこのやり取りを体験してみてください。相手を一緒に映像の中に連れて行く、そんな感覚で会話をしてみましょう。

「私ね」「昨日はね」と話を切り出したら、相手の顔を見て「間」を空けてみます。相手がコミュニケーション能力の高い人ならば、必ず「うん」とか「はい」と返事をしてくれます。これがいいテンポを呼びますので、とても話しやすい気分になれます。

あなたが聞き手のときは、相手が「私ね」とか「昨日ね」と言って言葉を切るようであれば、その人は会話上手で他人とつながりを作ろうという気持ちのある人です。必ず、はっきりした声で「ええ」とか「うん」と返してみてください。たったそれだけなのに親しみを感じて話がしやすくなりますし、相手の話す場面を思い浮かべやすくなっています。

ルール

話すときは、「私ね……」と言って間を空ける。聞き手のときは、相手が話を止めてくれたら、「ええ」と強く相づちを打つ

4 気持ちが乗ると、語尾が伸びる

話し上手がしていることは？

聞き上手の相づちで特徴的なのは、その語尾が感情豊かに伸びるところです。

「私のパソコン、まだウインドウズ7なんですよ」
「あ！　そーなんですかー」（少し驚いたという気持ちで）
「もうすぐメンテナンスもしてもらえなくなるので、困ってます」
「そーですよねー」（「わかります」という気持ちで）

なぜ聞き上手の語尾は感情豊かなのか。そして伸びるのか。

それは聞き手が話し手の話す内容をしっかり映像にして、その場面を感じ取ろうとするからです。語尾が「……なんですかー」と伸びている間、聞き手はその映像を浮かべてその気持ちを感じています。

だから語尾に感情が乗るのです。

すると話し手との間に橋が架かって、互いに映像がドンドン行き交います。もう話すこと、聞きたいことが湧き出てきて会話は止まらなくなります。

身近な人に話しやすい人がいたら、よく観察してみてください。語尾が感情豊かで、相づちが「へーーーっ」なんて長く伸びていますから。もし可能でしたら、その感情豊かな相づちをマネさせてもらいましょう。

ルール

気持ちを感じながら相づちを打つと、語尾が自然と伸びる

5

「……だったでしょうね」と「……だったのですか？」の決定的違い

より気持ちをこめて尋ねられる

以前出版した本の中で、「……だったのですか？」とダイレクトに聞かずに、「……だったでしょうね」と聞いたほうが、相手から話が出てきやすいとお伝えしました。

なぜなのか？　その答えについてお教えしましょう。

例えば、会社を興し何十年もかかって自社ビルを構えるほどに大きくした人に話を聞くとしましょう。このとき無表情に「これまで、いろいろな苦労があったんですか？」とあっさり尋ねると、相手の苦労や困難を何も想像していない姿勢が伝わってしまいます。

反対に、相手の顔や姿から深い苦労や困難との遭遇、そしてそれを乗り切る才能を想像しつつ聞くと、もっと気持ちがこもった、味わい深い聞き方になります。

「これまで、いろいろなご苦労があったでしょうねー」と**言い方にも感情が込められ、ひと言ひと言、かみしめるような言い方になり、語尾は気持ちが乗って伸びるはずです。**

相手には「あなたのご苦労、困難、そして努力と忍耐、才能があったことを想像していますよ。どんなことがあったのか、よければ教えてください」というニュアンスで伝わるでしょう。

そんな姿勢で聞かれれば、相手はやはりうれしいはず。何の共感も示さずあっさり聞かれるのと違って、過去の様々な出来事や思いが浮かんできます。

するととてもいい話が聞けますし、何より互いの心に橋が架かって親しみや信頼が増すのです。いい仕事をする人は、必ずこの表現ができるもの。ぜひチャレンジしてみてください。

相手の苦労を想像しながら聞くと、感情のこもった言い方になる

6

契約が取れる雑談とは？

雑談は「興味→共感→肯定」で話す

「取引先の担当者とは、とにかく雑談をしっかりしろ」

と上司から言われて、客先に行ったときはゴルフの話やお酒の話をしてみるのですが、なかなか成績にはつながらない……。そう肩を落として語る営業マンをよく見かけます。

たしかに、雑談をしただけでは契約を取れるほど親しみを感じてもらえません。そのためには、やはりお客さんとの間に橋を架ける会話（177ページ参照）が必要なのです。

まず相手に対する興味を示すこと。仕事で会うのですから、相手の仕事ぶりに興味を持って観察してみるのが一番のお勧めです。

相手の仕事ぶりでハッとするような魅力を感じたら、さっそく言葉にしてみます。

「〇〇課長が部下の方に指示をなさるのを見たことがあるのですが、すごく穏やかで愛情のある伝え方をなさっていますね」

こんなことを言われてうれしくない人はまずいません。相手は「そうですか?」とはぐらかそうとはするでしょうが、うれしさは隠せないはず。相手の心をグッと引き寄せました。

次に相手の「わかってほしい」という欲求に応えます。

あなたの言葉に対して、何か話をしてくれたらチャンスです。

「私の新人時代に上司だった人が昭和の人で、指示も適当で上から押さえつけるタイプだったので、それを反面教師にしているのかもしれません」

相手からそんな言葉が聞けたら、さっそく、その場面を想像してみましょう。上司に大雑把な指示を受けたり、ことあるごとに叱りつけられている場面をイメージします。これで相手の気持ちをちゃんと感じ取れるはず。

「そんなご苦労がおありでしたか」と気持ちを込めて共感できたら最高です。何かを話すより、気持ちのこもった相づちや共感の言葉のほうがずっと大事だと気づければ、会話は必ず上達します。また、あなたの感想も続けて言ってみます。

「○○課長のような上司に指導していただける方は、本当に幸せですね」

ここまで言えたら、相手との間にコミュニケーションブリッジが架かります。これで相手は、この営業マンは他の営業マンとは違うと感じているでしょう。

最後はこの話を肯定的に進めます。

「私も○○課長から学べることが多くて、営業に来るのが楽しみです」

こうして「興味→共感→肯定」と話を進めることで、相手は「いい仕事になる話があれば、すぐに彼に頼もう」と思うもの。これは婚活や他の雑談でも全く同じことが言えますので、営業ではない方もぜひお試しください。

ルール

興味を持って眺めると、相手の魅力に気づける！

7

よく笑う人は、なぜ話がうまいのか？

映像を思い浮かべられる人は、よく笑う

十年ほど昔の話。ちょっとしたスピーチの練習テーマに「日本人は80歳の時点で自分の歯が8本しか残っていません」で始まるお話を用意していました。ある生徒は緊張したのでしょう。「日本人は80歳の時点で自分の歯が80本しか残っていません」と言ってしまいました。私はとっさに「それじゃ、ワニでしょ」と突っ込んでしまいました。

すると生徒の半分は大笑いし、半分は無表情でいました。**このときに私は、「あまり笑わない人は想像していないのだ」と感じたのです。**人間の顔に80本の歯が揃ったワニの口がついているところを想像したら、すごく滑稽だと思います。

また教室での雑談中に野球の応援の話になり、「ヤクルトファンは7回になるとヤクルトを飲むのだと思っていました」とある方が言いました。実際は傘を振りながら応援歌を歌うのですが、勘違いをされていたようです。そこである人が「じゃ、日本ハムのファンは7回になるとみんなでハムを食べるのですか」とジョークを飛ばしてきました。

そこでもやはり半数は爆笑し、半数は沈黙していました。数万人いるファンが、球場で一斉にハムにかぶりつくという想像が浮かべば、その映像の異様さに誰でも笑うはずです。それは野球を知らない人でも想像できること。

ルール 映像力を鍛えれば、笑えることが多くなる

笑いの多い人生はそれだけで幸せなことですから、些細なことで笑えるようになれば幸せが大きくふくらみます。さらによく笑う人は、話しかけやすいし誘いやすいので、人間関係も劇的に良くなるのです。相手の話を想像しながら、しかも気持ちを感じ取りながら聞けるようになれば、人はそれまでよりもたくさん笑うようになります。

8 コミュニケーションブリッジで恋の架け橋を！

自分とは違う好み、価値を持つ人とつながる力

異性と出会うチャンスが多いのは学校や職場が一番です。でもそこに出会いがない場合は、様々な場所に出かけて行き、素敵な人と知り合わなければなりません。

いきなり自分と同じ趣味や好みを持っている人と出会えるのなら、苦労はいりません。でも現実はそうはいかないもの。

少し極端なことをいえば、「お寺巡り」「めだかを眺めること」「数学のむずかしい問題を解くこと」など、魅力的だけど自分とは全く違う好みを持つ人に出会ったときでも、楽しく軽やかに話ができる力があれば、人と結びつくことも簡単で、恋もアッという間に始

められるでしょう。

もしこのときに「変わった趣味ね」「理解できない」「どこが楽しいの」という反応をしてしまえば、二人の間に親しみは生まれず一体感は築けません。

ましてや相手の話に興味を示さずスルーしてしまえば、その人との間に愛が生まれることはないはずです。


お寺巡りが好きな人と話すのなら、**まずは相手の話を想像して、しかも相手の立場、相手の気持ちになりきることが必要です。**

相手はそれが楽しい、心惹かれるのだと想像すれば、その気持ちに近づくことができます。自分にも楽しみや心惹かれるものがあるのですから、気持ちは同じ。


「お寺を巡ると、どんなところに楽しみがあるのだろう」

「お寺の中のどこに目が行くのだろう」

「最高のお寺はどこ？」

そんな興味を持てると、知識や経験のない話題でも会話ができるようになります。

自分もお寺巡りを好きになる必要はありません。相手の好きなことを一緒に感じようとすることが大事なのです。

これはもう会話のレベルを超えて、相手の人そのものに興味を持ち、その好みや価値を受け入れるという姿勢に深い意味があります。

相手からすれば、「あなたには未知のことなのに、私に興味を持って受け入れてくれる。心の広い人だな」と感じられて、魅力的に映るのだと思います。

ルール

自分とは違う好み、価値を持つ人と話すときは、話題そのものより、相手の「好きな気持ち」に目を向けよう

9 相手の「痛み」に目を向ける

何に痛みを感じるかは、男性、女性でそれぞれ異なる

結婚するために必要なコミュニケーション力、それは他人の「痛み」に共感する力ではないでしょうか。

自分の喜びに共感してもらえないのは寂しいことですが、痛みをわかってもらえないことは、それとは比べものにならない強烈なショックです。

痛みというと肉親の死とか失業などを想像する人もいるでしょうが、男女が付き合う場合はもっと小さな痛みでも問題になります。

例えば女性の立場でいえば、同僚と気が合わないとか、ランチを一緒に食べる人がいないというような問題。男性はこういうことに痛みを感じない人が多いので、女性の話に共感せず「会社ってそんなもの」などと軽く言ってしまいがちなのです。

男性の立場でいえば、仕事ぶりに対して評価が低い、後輩の業績が目覚ましく自分の立場がないといった問題。評価に対して価値をあまり感じない女性だと、「頑張っていればわかってくれる人が出てくるよ」などと重く受け止めていない言葉を送りがちです。

パートナーを本当に大事に思うのなら、相手の気持ちにもっと気を配るべきです。「今日はいつもと様子が違うな」と感じたときは、注意深く接するようにしたほうがいいでしょう。

相手から出てくる話が、自分にとっては痛みを伴わない問題だったとしても、相手にとっては辛いことなのかもしれません。

相手の身になってその事態を想像し、気持ちを感じる。

「そのことは、あなたにとっては辛いことなんですね」という思いで、話を聞き、その痛みを共に感じる力を少しずつ養ってみましょう。それはパートナー以外の人にも喜んでもらえる、人としての大きな徳になるはずです。

ルール

相手が辛そうにしていたら、相手の身になって話を聞いてみよう

夫婦生活がうまくいく人、いかない人

相手の価値観を否定しない

「結婚はゴールではなく、スタートなのです……苦しみの」
これは、私が好きな名言のひとつです。

二人が結婚すれば、いきなり異文化の衝突、異なる価値観の軋轢（あつれき）が起きます。

結婚後、数日もすれば暮らしの中で「納豆にマヨネーズ入れるの!?」とか、「お風呂を使わないときには、蓋を開けたままにするのが常識なの！」などという文化の違いにびっくりし合うものです。もちろんお金や時間に対する考え方、親族や友人との付き合い方も、全てが一致する夫婦などいません。

このとき、相手を「間違っている」「おかしい」と非難する人は、結婚生活を長く幸せに送ることはむずかしいでしょう。

ここもやはり相手の視点から、相手の気持ちになって物事を見る姿勢が望まれます。「納豆にマヨネーズってどんな味なの？」と一度は食べてみる。そして「うわー、私には無理みたい」と正直に言う。これでいいのです。相手は自分のことにちゃんと興味を示してくれさえすれば、納得できるのですから。

いったんは相手の世界に足を踏み入れ、受け入れてみる――。

これは会話ばかりでなく、他人と付き合うときにも欠かせない人徳といえましょう。

金遣いの荒さや暴言などはちゃんと話し合って改めてもらう必要があります。でも、習慣の違い、価値観の違いはお互いが受け入れ認めて暮らしていく心の大きさを持たねば、アカの他人と共に暮らしていくことはできません。

結婚すると人物が大きくなるとよく言われます。それは他人の価値を呑み込んでしまう度量が、他人にそんなイメージを与えるのではないでしょうか。

人の気持ちや思いを想像する力が強くなると、相手の痛みや悲しみに敏感になっていき

ます。それはすなわち、思いやりへと高まっていくのです。

私の生徒がこんな話を聞かせてくれました。「私が家にいて家内が買い物から帰って来たとき、今まではかける言葉もありませんでした。でも家内が買い物をして家に帰って来る姿を想像すると、かける言葉がたくさんあることに気づいたのです。その状況に応じて、重かっただろう、寒かった、暑かっただろう、濡れただろうと言葉が出てくるようになりました」と。

人の喜びも痛みも自分のこととして感じる。本来、これが話を聞くという行為です。そしてこの力がつけば、思いやりも備わります。互いが考えていることが映像を介して瞬時に伝わる理想的な話し方、すなわち「コミュニケーションブリッジ」（177ページ参照）を意識しながら話すことで、職場の人間関係、夫婦親子の関係までよりよくなるのですから、ぜひマスターしてほしいと思います。

ルール 違いを「おかしい」と否定せず、いったん相手の世界を受け入れる

7章

大勢いても大丈夫！

サッと打ちとけて、ワイワイ話せる会話術

1 人の輪にスムーズに入っていく秘訣

アイコンタクトと、気持ちの乗った相づちを

一対一の会話なら何とかなっても、四、五人の中での会話となるとむずかしさを感じる人も多いようです。

多くの人は自分が話すことで輪の中に入ろうともがいてしまいます。しかし、これではうまくいかない可能性がとても高いです。なぜなら、そこにいる人々と自分との間に、お互いの考えや気持ちを伝え合うための橋、すなわち「コミュニケーションブリッジ」（177ページ参照）が架かっていないからです。

まずは、「コミュニケーションブリッジ」を架けるための準備をしましょう。

使う道具は、アイコンタクトと気持ちの乗った相づちです。その輪の中に入ったら、そのとき話している人を興味を持って見ること。話し手からすると、「聞きますよ」と言われているようで、とてもありがたいことです。

次はやっぱり相づち。話し手の話に「ふーん」とか「へー」とか言いながら、驚いたり感心したりします。笑うところは周囲の人と一緒になって笑いましょう。

みなと同じ反応、同じ気持ちになることで、その場にいる人々との間に橋が架かります。いい相づちを送ると、不思議と話し手はあなた自身に向けて話をするようになります。誰だっていい反応をしてくれる人は大歓迎だからです。

いい反応が会話に入り込む空白を作ってくれる

複数人の中での会話だと、どこから話に入っていいのかわからないと戸惑いを感じる人は多いようです。

ここでも相づちがいい役割を果たしてくれます。話の最中に、感情をこめて大きめの声で相づちを打てば、その間は全員が黙ります。

「へーーーっ！」とか「本当ですか！」なんて言えば、その間の主役はあなたとなるのです。相づちを打つことで生まれた会話の空白時間を生かして、「じゃあ」とか「私は」などと会話に入っていくことができます。

なかには大きな反応ができない人もいるはず。そんな人は、話し手の顔をよく見て、話の内容を想像し、感じた気持ちを返すように心がけてみてください。

いい反応をくれる人は、その場にいる人にとって大切な存在。話の最中に、「○○さんはどうなの？」と話を振ってもらえます。

ルール

大きめの相づちを打つと、会話に入りやすくなる

2

初対面の人たちを打ちとけさせる方法

どちらか一方とだけ話すのではダメ

自分の知り合い二人、しかも二人は初対面という間柄の三人で会話をするのは、骨が折れるものです。

例えば、取引先の担当者に自分の上司を紹介がてら会食するとき。あるいは恋人を親に紹介するとき。ママ友とお茶をしようとしていたら、偶然別のママ友が現れて、一緒にお茶をすることになったときなど。

自分以外の人たちが初めて会う人同士ならば、会話の中心となるべきは自分で、責任も重大ときています。プレッシャーを感じる状況ですね。

このときにやってはいけないのが、自分がAさんと話すときはBさんを放っておき、次にBさんと話すときはAさんを放っておくというやり方。

これではいつまでたっても、初対面のAさんとBさんの間にコミュニケーションが生まれず、絶えず誰かが会話で浮いていることになります。

初対面の人同士で、会話が生まれるようにサポートする

このとき、会話のキーマンである自分が目指すべき方向は、AさんとBさんが会話を始めることです。AさんとBさんが話をしてくれたら、自分はその会話が途絶えないようにサポートをするという役割になればいいでしょう。

具体的には、Aさんに向かってBさんを紹介するような、またBさんに向かってAさんを紹介するような話をします。

例えば上司Aさんに向かって、

「こちらのBさんはむずかしい案件を次々に成立させている、○○産業さまのホープと言われている方です」

などと紹介します。

上司Aさんは「ほう、それは素晴らしい」という言葉をBさんに投げかけるでしょう。するとBさんは「それはちょっと持ち上げすぎで、私の上司は私のことをうちの課のお荷物と呼んでいるくらいですから」などと、Aさんに話をするでしょう。

こうしてAさんとBさんがやり取りをすることで、互いの間に、考えや気持ちをやり取りする橋が架かる状態がやってきます。AさんとBさんの間に「コミュニケーションブリッジ」(177ページ参照)が架かったのです。

こうなれば二人の間に会話が生まれ、距離がドンドン縮まっていきます。

恋人を初めて家に連れて行くときなどは、ぜひとも使っていただきたい話術です。女性なら彼と自分の父親が楽し気に話をしている姿を見るなどというのは、とても幸せな光景かと思いますよ。

ルール　お互いを紹介して、自分以外の二人が会話を始めるきっかけをつくろう

3

急にキーマンがいなくなったときのコツ

初対面の二人の共通の話題とは？

知人と一緒に、知人の知り合いに会う場面では、どうすればいいでしょうか。

206ページの例でいえば、自分がAさんやBさんの立場で、相手と初対面の間柄のときです。

しかもまだ馴染んでいない相手と打ちとける前に、知人のCさんが急な電話やトイレで席を外したときが困るという質問をよく受けますので、ここで解決しましょう。

まだ、打ちとけてもいないのに二人きりにされたら、会話が苦手な人には苦痛でしょう。

まさか「野球は？」「旅行は？」「好きな食べものは？」と共通の話題探しなどしてしまったら、余計に気まずくなる可能性だってあります。

こういうときは、お互いの共通の話題から入るべきです。

それはキーマンCさん。Cさんは二人とも知り合いですから、完璧な共通の話題となります。

あなたが相手に「Cさんって、お知り合いが多いですよね」などと話を振れば、相手もそれに応じて話をしてくれます。そこに「相づちを打つ」「感想を言う」「間を空けて映像を浮かべる」といったことを繰り返せば、やがて「コミュニケーションブリッジ」（177ページ参照）が架かるのです。

義理の両親と二人にされたら

よくご質問いただくのが、正月などに配偶者の実家に泊まりに行ったときのこと。夫（あるいは妻）が地元の友人との飲み会に出て行き、自分一人にされたときに両親と話すことがなくて本当に困る、という悩みを耳にします。

これも解決策は配偶者を話題にすることです。

「ひろしさんって、寝言がすごくはっきりしているんです。小さい頃からそうでしたか？」

とか、**「35歳にもなるのに、まだ戦隊もののフィギアを部屋に大事そうに飾っていますよ」**

と話せば、義理の親も話題を持っていますから話しやすくなるはず。

そこで相手との間にうまく「コミュニケーションブリッジ」が架かれば、あとは簡単です。

お義父さんのこと、お義母さんのことに話を向け、自分自身のことも面白おかしく、また相談を持ち掛けるように話せば、自然と家族の一員になれます。

いろいろな場面で役立ちますから、ぜひ使ってみてください。

ルール

互いの知り合いこそが共通の話題。話は尽きない！

4 グループにおとなしい人がいたら

まずはYES、NOで答えられる質問をしてみよう

人数が増えれば会話に参加できない人も出てきます。もし心理的な余裕ができたら、そんな人にも救いの手を差し伸べてみてはいかがでしょうか。

おとなしい人というのは、他の人に比べて、次の返事を思い浮かべるのに時間がかかるのです。だから新しい話題を求めて「○○さんは最近どうなの？」と漠然とした話を振られると、困ってしまいます。ですからそれまでテーマになった話題を使って「○○さんは、それについて話はない？」という渡し方をしてあげればいいのです。

例えば、新入社員への接し方が話題のテーマなら、「○○さんのところには新人は入っ

たの?」などと、YES、NOで答えられる質問から入ります。これなら答えやすいですから。**少しやり取りをしてから、「○○さんは新人さんと接するときに気をつけていることはあるの?」と、初めて具体的なことを聞いてみます。**答えを急かさず、ゆっくり待って、出てきた答えには「へーっ♪」と親しみを込めて相づちを打ってあげます。

すぐにそれについてコメントを差し挟むと、おとなしい人はすぐに聞き役に回り黙ってしまいます。**おとなしい人が何か言うことを持っていそうな雰囲気なら、少し待ってみましょう。**おとなしい人は出しゃばるのが苦手で、自分が話すことで他の人に嫌な思いをさせるのではないかと心配していることが多いものです。こういう思いやりがある方は、いずれきっと自然に話ができるようになると、私は考えます。おとなしい人と一対一で話すときも同じ要領で接してあげてください。なお、相手が子どものときなどは必ず守ってほしいセオリーです。

ルール

ゆっくりと言葉を待って、親しみを込めて相づちを打とう

エピローグ

相手に自分の体験や気持ちを伝え、それをわかってもらえる喜び。
映像を思い浮かべながら相手の話を聞き、
相手と感情を共有する驚きと発見。
こうした一体感は、お金では買えないほどの大きな喜びを生みます。
このときに感じる温かさ——。
これこそが会話を交わす喜びであり、目的なのだろうと私は思っています。

さて、本書でお伝えしました「コミュニケーションブリッジ」（１７７ページ参照）を架ける話し方を少しでもマスターできると、知り合いだけではなく自分とは異質な世界にいる人々とも、気持ちを通わせることができるようになります。

例えば、30歳も40歳も年が離れた人、経営者と公務員、サラリーマンと音楽など芸能でご飯を食べている人、男性と女性、さらには外国の人とも。

今までは「考えていることがわからない」「意味がわからない」とあきらめていた人々とも心を通わせることができるのです。

人生100年の時代。

定年後も活躍できる期間が大幅に伸びています。ぜひ「コミュニケーションブリッジ」を使って、人脈を様々に広げ、長くなった人生を大いにお楽しみください。

最後になりましたが、ここに書いた数多くのスキルは私一人の知恵ではありません。私の頼りになる部下、梶村操が生み出した会話のスキルをいくつか引用させてもらいました。

このことを快く了承してくれた彼女には、心より感謝しております。
また私の部下であるにもかかわらず、情け容赦のないダメ出しで会話が苦手な方に寄り添ったアドバイスをくれた山田みどりにも感謝を伝えます。ありがとうございました。

二〇一八年九月吉日

野口敏

〈著者紹介〉

野口敏（のぐちさとし）

株式会社グッドコミュニケーション代表取締役
1959年生まれ。関西大学経済学部卒。
「TALK&トーク話し方教室」を主宰し、大阪、東京でコミュニケーション講座を開講。会話に悩める人が待ち望んだ、具体的でシンプルなコミュニケーションスキルが大評判になる。全国各地から受講生が詰めかけ、これまでに５万人以上の話し方、コミュニケーションを指導し、劇的に改善させてきた。日常のコミュニケーション力を高める秘訣に加え、短い言葉で核心を伝える説明、スピーチ力養成にも力を入れている。コミュニケーションサイト、KAIWA Lab.（ http://kaiwalab.jp/ ）も新設し、好評を博している。
『誰とでも 15 分以上　会話がとぎれない！話し方　66 のルール』（小社刊）は、あらゆる年代の幅広い層に支持され、シリーズ 110 万部を超えるヒットを記録し注目を浴びる。コミュニケーション本の第一人者として、執筆活動にも力を入れている。その他の著書に『超一流の伝え方』（PHP 研究所）、『誰からも大切にされる女性の話し方』（経済界）などがある。

誰とでも 15 分以上　ホントに！
会話がとぎれない！話し方 50 のルール

2018 年 9 月 25 日　　第 1 刷発行

著　者———野口敏

発行者———徳留慶太郎

発行所———株式会社すばる舎

〒 170-0013 東京都豊島区東池袋 3-9-7 東池袋織本ビル

TEL 03-3981-8651（代表）　03-3981-0767（営業部）

振替 00140-7-116563

http://www.subarusya.jp/

印　刷———中央精版印刷株式会社

落丁・乱丁本はお取り替えいたします
©Satoshi Noguchi　2018 Printed in Japan
ISBN978-4-7991-0749-2